소리의 원근법

국립중앙도서관 출판예정도서목록(CIP)

소리의 원근법 : 최용훈 시집 / 지은이: 최용훈. -- 대전 :
지혜, 2015
p. ; cm. -- (지혜사랑 ; 126)

ISBN 979-11-5728-031-5 03810 : ₩9000

한국 현대시[韓國現代詩]

811.7-KDC6
895.715-DDC23 CIP2015016924

지혜사랑 126

소리의 원근법

최용훈

지혜

시인의 말

굴곡이 평탄의 장애물로 기능할 때
삶의 비의祕疑에 대해 이야기하면
길은 늘
막다른 세계에 도달해 질문을 던진다

침묵은, 그 질문들에 대한 복잡다단한 대답을
가장 간단명료하게 정리한 지름길이라서
시가 지향하는 목표가 될 수 있겠지만,
한편 시인들이 침묵을 배척하는 것은
진술을 거부하기 때문이므로

비릴 대로 비린 이 시집의 시편들은
시가 침묵을 깨고 발설할 때 풍겨 나오는
시의 구취에 다름 아닐 뿐이다.

2015년 6월
최용훈

차례

2부

3부

4부

• 일러두기

한 연이 첫 번째 행에서 시작될 때는 > 로 표시합니다.

1부

접속사의 사생활

불평불만은 인스턴트라서
손수 밥 챙겨 먹으며 내뱉는 말들은 비만이 됐죠
입맛의 전성기가 그렇게 지나가서
불평불만을 다이어트 해야겠다고 결심했을 때
후회의 배필이 떠올랐어요
배필을 소환하면 레임덕에 빠지는 체면 때문에
아내에게 지진아 취급을 받아온 내 후회지만,
짝이 있어야 통용되는 의미들에는 계몽주의 개념이 탑재돼 있어서
천생연분이라든지 부부는 닮는다는 말은
고전주의자들의 레토릭이죠
그 옛날 세상물정 모르던 어린 애인은 사랑스러웠고
후회의 백치미는 아름다워도,
후회와 반성이 짝을 맺고 안 맺고는 접속사의 사생활
고전주의 형식미와 계몽주의의 이성 사이에서
반성이 윤리적으로 후회를 변론해도
아량은 커밍아웃한 체면이 쓰는 가면이라서
우월은 성별이 무의미해요
그래요 반성이 후회와 짝을 맺고서야
아내 사용설명서에 접속사의 변심에 대한 주의사항은 있어도
매정을 반품할 수 있는 연락처는 없는 걸 발견했어요
이런 불찰은 언어에 다이어트 효과가 있어서

벙어리 삼 년, 귀머거리 삼 년, 소경 삼 년을
고스란히 견뎌낸 아내는 나의 아홉수,
이때의 불온이 나를
아내의 종속접속사로 전환시킨 거죠
하지만 나의 모국어는 유생儒生,
청빈과 체통을 중시해서
접속사의 사생활을 들먹이는 걸 금기시해요

밤을 새워 비를 읽다

천기는 비밀이라 양피지구름이
비의 수막을 통과하며 가닥가닥 가늘게 분쇄되고 있다
파기된 문서에 남겨진 낱말들의 부정확한 발음이
도시의 지붕들을 채집하는 밤,
함석지붕의 정보는 습득되자마자 모스부호로 타전되고
지붕에서 걸러진 음모의 기미들은
방안 양동이 속으로 방울방울 떨어진다

새빨간 거짓말을 하면서도 웃는 저 얼굴,
사실 음모야말로 아주 투명해서
띄엄띄엄 읽히는 암호를 풀 방도를 찾아
나는 밤새 뜬눈이다

혼인한 남녀가 긴긴밤에 할 일이
별들을 낳아 하늘에 내놓을 일 말고 무엇이 있겠는가
그 바람에 나에게 처녀자리를 올려다보는 습관이 생겼다던가,
군복무 중 영창을 갔다 온 행적들은 전부
호적 학적 병적 등에 기록돼 왔다
이 전과기록들은 평생 나를 따라다니는데
어째서 나의 미래이자 과거인 천적天籍만은
철저히 비밀에 붙여지는가
인간의 천적天敵은 천적天籍이다

이것이 내가 신을 배반하고 떠난 이유다

시인들이 쓴 예언서에 비밀의 단서가 있으리라 여겼다
그러나 폐기된 문서의 잉크가 마르지 않은 걸 보고
시는, 삶의 알리바이일 뿐이라고 고쳐 생각한다

소리의 원근법

몸을 관통한 구급차 경광등 소리가 원근법으로 사라졌다
몸을 통과해도 상처를 내지 않는 것은 소리밖에 없다
두 귀가 몸의 외곽에 달려있는 이유와
잠을 잘 때도 열려있는 까닭이 설명됐다
때때로 어떤 소리들은 통과하지 못하고 몸에 박혀 상처가 됐다
귀가 따가운 까닭이 이해됐다

광릉수목원 숲속에서 착암기 소리가 들렸다
까막딱따구리가 서서 죽은 사이프러스나무 상부에 소리의 길을 내고 있었다
까막딱따구리는 소리가 지름길임을 어떻게 알았을까?
새들이 수시로 우는 까닭과
울음이 아름다운 이유가 설명됐다

모년 모월 모일
등과 배가 서로 붙은 '자살'과 '살자'는
우울에게서 태어난 샴쌍둥이…… 억장이 무너져
이석耳石이 소리의 길에 굴러 떨어진 걸 어떻게 알았을까
이명이 이십 년 넘게 이석을 쪼아대고 있다
소리의 길이 끊겼으므로
귀가 우는 걸 아무도 몰라 몸에 박힌 소리들이 덧나갔다
상처가 덧나면 소리에 침묵이 고이는 까닭이 이해됐다

>

소리의 길이 끊어진 곳은 어디 거나
보이지 않는 방음벽이 사방에 둘러쳐져 있었다
그 벽에 가로막혀 소리들이 주저앉았을 때
눈이 실체를 축소시키는 원遠을 동경하는 까닭을 이해한 귀는
사실을 과장하는 근近에 친숙한 근시안,
동시에 눈과 귀로 상황을 포착해야 하는 이유가 설명됐다

소리의 길을 이탈한 당신들의 수화는 시끌벅적 조용했지만
고요는 선명해 멀리서도 보였다
고요가 가장 빠른 지름길인 이유와
가장 아름다운 소리인 까닭이 설명됐다

고요가 들리면 내 귀는 더 큰소리로 울었다
아무리 멀리 있어도 고요만은 들리는 까닭이 이해됐으나
원근법에 숙달된 내 눈은
먼 소리가 더 또렷한 이 역원근법을 이해하지 못했다
소리가 아름다우면 눈이 절로 감기는 까닭이 설명됐다

고요를 듣기 위해 눈을 감고서야
눈먼 자들이 어둠 속에서 눈뜬 자들보다 더 빨리 길을 찾아내는 이유와
청각이 생과 사의 갈림길이 된 까닭이 이해됐다*

>

고요는 중력의 궤도를 벗어나야 제일 또렷하게 들린단다
가장 빠른 길이 가장 먼 거리여서
사이프러스나무가 평생 중력을 역행하다 죽은 이유와
아버지의 영혼이 무거운 몸을 버린 까닭은 설명됐지만,
어느 화가가 자화상을 보고 귀를 잘라버린 이유와
사이프러스나무가 검게 빛나는 까닭과
죽은 아버지가 꿈속까지 찾아오고서도 끝내
침묵하는 궁금증만은 아무래도 이해되지 않았다

* 헬렌 켈러는 '보지 못하는 것은 사물과의 단절에 불과하지만 듣지 못하는 것은 사람과의 단절을 가져온다'고 자신의 체험으로 설파한 바 있으며 의학자들에 따르면 사람이 운명하는 마지막 순간까지 남아있는 감각이 청각이라고 한다. 식물인간이 회복하면 보지는 못했어도 주변에서 하는 말을 다 들었다는 말을 하는 까닭이 이 때문이란다.

우기雨期

1

풍경이 하루 종일 울다 말다 한다
이런 풍경을 못 본 체 그냥 지나칠 사내도 있을까?
시선이 아픈 새끼의 눈물을 핥다 근경직증에 걸려도
외로움은 처음부터 폭우나 폭설처럼 대규모로 습격하지 않았다
정맥을 찾기 위해 응급의가
마취도 하지 않은 어린 아들의 발목을 메스로 째던 그날도
몇 잔 소주에 취해 폭우를 기다렸으나
내 사랑은 적설량이 강우량으로 계측되는 시점까지가 우기다
그러나 감정의 불꽃을 꺼뜨리는 날씨는 감염돼
온갖 그림자들이 주위로 모여드는 불꽃은
그림자가 없어 외롭고,
외로움은 계절풍에 관계없는 기후라서
삭막한 근심은 전반적으로 우기에 밀림을 이루지만
풍경이 밤에도 울다 말다 했다

2

내 몸에 장착됐던 아버지의 보청기가 아들에게도 대물림 된다
사내라면 어둠이 가려주는 풍경은 못 본 체 지나치기도 해야 한다
그때 자신의 그림자에 자신이 놀라는 도플갱어가 일어났다

감정이 어느 새 추분秋分을 지났던 것,
우리들의 가계를 끝끝내 잇는 것은 오직 그림자뿐이다

3
불꽃은 살아서 혼백이 돼 그림자가 없는 것이라 생각하지만
내가 나를 경멸하는 무서움은
처음부터 폭우나 폭설처럼 대규모로 기습을 감행했다

4
내가 나에게 유괴된 기억이 멀어
내가 나에게로 미복귀하는 사랑이 나를 스토킹한다
나는 내 그림자의 스토커였으므로
내가 나에게 동화되는 스톡홀름 증후군 환자,
신분이 아비로 바뀌는 순간 죄인이다

5
우기에는 사랑도 범람한다

절망을 혁명하고 싶소

삶은 날품을 파오, 죽음의 피고용인이요
별별 일들을 다 하고 일당으로 잠을 지불받소
잠을 아껴가며 일했소만 체불되는 날이 많았소
두 달 넘게 품삯 밀렸을 때가 있었소
파산지경에 이른 삶이, 알약을 먹고 잠을 횡령했다가
죽음에게 불려가 해고될 뻔했소
지금도 벌충을 하느라 잠을 자면서도 일을 하는 꿈을 꾸오
죽음이 부르주아라는 걸 너무 늦게 알았소
해고되기 전에 자진 사표를 쓰는 삶이
이 나라에서만 하루 서른다섯 명쯤 된다고 하오
하루 벌어 하루 사는 일이 벅차 아버지는 의식을 팔아버렸소
소문을 듣고 방문판매 온 목회자가
죽음의 우월성을 가족들에게 설명했소
계약서에 도장 찍듯 기도말미에
아버지대신 어머니가 아멘이라고 언약을 했소
내 최대의 불효는 잠을 가져가지 않으려고
뜨고 가신 아버지 눈을 감겨드린 것이오
나는 죽음에 굴복해 종교를 갖고 싶지는 않소
이념이 존재하지 않는 세계란 없소
천국도 사랑이란 굳건한 이념이 있소
살아서는 대면할 수 없는 권력자가 통치를 하오
일인독재요

평등의 가치 아래 사유재산을 인정하지 않는다고 하오
치성과 기도로 사후세계의 기득권층이 되려는 사람들은
그를 하늘에 계신 아버지라고 부르오
죽을 때 빈손으로 간다는 말은 거짓말이오
주검은 자기 몸에 축적한 잠을 가지고 가오
죽음은 공평해보이지만, 주검은
살아생전 각자의 실천궁행의 모습으로
마지막 형상을 이루고 있소

영생은, 잠을 착취하기 위한 수단일 수도 있소

카오스모스

홀라당 벗고 욕실로 들어간다
이빨을 닦으며 참았던 오줌보를 비운다
밀폐된 공간에서 치약의 페퍼민트 향과
지린내가 객관적으로 대립한다
입은 주관적이다 페퍼민트 향을 선호한다
지린내와 페퍼민트 향을 공평하게 인식하는 코는
호불호가 분명해서 객관성은 불공평을 의심받는다
눈은 객관성을 주장하나 다분히 주관적이고
귀는 상황에 따라 객관이 주관으로 혹은
주관이 객관으로 전도한다
불공평은 공평을 부른다, 이 논리는
주관이 객관을 소환하는 방식
이때 조짐이 싹튼다
샤워기를 틀어 전신에 찬물을 끼얹는다
거울을 사이에 두고 물을 촉감 하는 나와
물을 감촉하지 않고도 소름이 돋는 내가 대립한다
조짐은 기대감에서 파생하지만
예측된 결론에 도달하는 경우가 드물어
객관은 주관의 주술이 개입되는 즉시 거울이 된다
피사체의 주술이 객관의 거울에 이입된 상태가 카오스모스다
거울이 된 객관은 불길하다
거울에 되비친 날 바라보는 난

그 자체로 나에 카오스모스,
확정된 세계는 완전한 세계가 아니다

나무학
— 숲

예수 탄생 천삼백 년 전*
동방에서 나무십자가에 사람이 매달릴 것을 예견한 후(木)
도망칠 수도, 기립을 포기할 생각도 없었던 나무들은
자신들의 숙명을 대비하고자 협심해 공생사회를 건설한 뒤(林),
자신들의 번성을 간구하기 위해 쌓은 피라미드 제단에
사람들을 번제물로 올리기 시작했다(森)

* 중국에서 갑골문자가 생겨났다.

나무학
— 이율배반

홀로 촛불을 켜든 한 어린 여중생의 따뜻한 감성은
어떻게 해서 집단이성으로 발아했는가

태양의 빛과 열기로 무성해져
태양의 빛과 열기를 무력화시키는
나무들의 서늘함, 이 이율배반의 역사는
한 나무의 서정이 촉발시킨 서사다

인간의 관점으로는
침엽수가 침엽을 버리는 것은 배은망덕이지만
자연의 입장에서는 생존방식,
인간의 관점쯤은 심지 곧음 하나로 일축하고
물대포 쏘는 비바람에
쏴아쏴아 함성으로 맞서고 있는 낙엽송들

한 낙엽송이 처음 켜졌을 땐 미약한
속불꽃에 지나지 않았지만
등고선따라 위로 위로 확산돼 간 뒤
온통 뜨거운 겉불꽃으로 타오르는 세상이,

환하다

나무학
— 고욤나무를 이식한 사내

부부싸움하다 울컥한 마음 다잡으려고 오르는 방학능선,
바람이 떡갈나무 머리끄덩일 쥐어뜯어
이름 모를 산새가 쯧쯧쯧 혀를 찬다
이 와중에도 떡갈나무는 내리사랑을 생각하는가?
살갗이 다 터지도록 힘을 주고 버틴다
이런 비유의 힘이랄까
바람이 조용한 어조로 떡갈나무에게 용서를 구하는 듯한데
떡갈나무는 오소소 몸서리를 치며 외면 한다
그래도 바람이 달라붙으면 제 잎 몇 떼어줄 뿐이다
흔들려라, 흔들리지 않고 깊어지는 뿌리는 없다
태양이 햇빛 알갱이를 산란하고 간 떡갈나무에 뻐꾹새 앉았다 간다
떡갈나무가 부화시킨 햇빛 알갱이들이 줄어들수록
그늘이 무럭무럭 자라 싱싱해진다
이런 은유의 힘이랄까
수직의 나무들 일제히 흔들린다
바람이 휘갈겨 쓰는 상형문자로 제 일대기를
숲에 남겨 놓기 위한 방책이다
삶은 이렇듯 치열하다
겨울 숲에 들면 숙연해지는 이유가 여기 있다
나는 나무들 문자는 까막눈이라 독해하지 못하지만
새들은 나무들을 읽어
고욤나무를 이식한 나무에는 둥지를 틀지 않는다

나무학
— 덫

느티나무가 몸통 위에 가지를 얼기설기 엮고
엎어놓은 소쿠리처럼 잎을 피운다
느티나무의 이 위장술은
일생을 다하여 바람을 포획하려는 나무의 숙명,

느티나무 발치에 흩뿌려진 홍엽을 향해
모둠발로 뛰어오던 바람이
느티나무 몸통에 느슨히 매어진 전선이 흔들거리자
소스라쳐 날아오른다

아차! 느티나무가 자유롭게 날아다니는 바람을 또 놓친다
몸통을 지지하기 위해 뻗어 내린 뿌리가
덫을 지지하는 몸통을 요지부동으로 옭아맨 탓이다

제 덫에 제가 걸려든 저 부동不動,
이 덫에 갇히면 누구나 죽음을 생각할 수도 있겠다
거동 못하는 늙은 아버지가
결국 곡기를 끊었다

나무학
— 형용모순

뙤약볕에 축 늘어진 상추들을
이팝나무가 제 몸으로 가려준다
이팝나무의 배려가 발육을 방해한다고 생각했을까
텃밭 주인이 나무를 베어낸다
말을 할 수 없는 이팝나무는
밑동만 꽉 움켜쥔다

취객 도우려다 부축빼기로 오인 받은 뒤로
풍경과 내가 양립할 때
내 시선은 느낌표에서 물음표로 굴절해
그 현장으로부터 도피한다

얼마 후 우연히 다시 만난 그 나무,
애써 외면했던 내 방관이 생장을 촉진시켰던가 보다
그새 곁가지 하나 오지게 키워
주먹 쥔 가운뎃손가락을 곧추세웠다

꽃의 폐관

— ㅊ형에게

염통에 쥐가 났는데 하늘은 말짱했다
(절로 숨을 몰아쉬게끔!)
붉은 피가 손등을 파랗게 흘러간다
이 뜨거운 냉기는 언제 해동될 것인가
피가 범람해 침수된 멍이 며칠째 어둠을 남용한다
과도한 사용으로 한밤에도 뇌리에 백야가 뜨는 시간을
슬픔으로 환산하니 추억이 인플레이션 된다

무균실에서 배양된 기억들
눈물을 살균해야 발진이 돋지 않는 기억들
시간에 오염되면 그 즉시 자폐증 걸리는 기억들이
병실을 유령처럼 떠다녀
시간을 일시 지불정지시켰더니
시간의 낭비인 후회를 파산선고하고 싶어진다

그러거나 말거나 계절마다
꼬옥 지각하는 꽃들이 있어
폐관하지 못하는 마음은 나비 꿈으로 어지럽고
부채負債만 남은 시간은
기억의 꽃잎을 하나하나 닫아걸고

괄호를 수태한 문장文章

1

잠금된 괄호를 머리로 치받고 나왔을 때 누가 괄호와 연결된 생명줄을 가차 없이 끊어버렸지요. 운명은 그렇게 강제된 것이어서 신생부터 참아야 하는 눈물은 생을 추동시키는 연료. 운행 중 누수漏水는 위험천만해서 눈꺼풀 닫아 누수淚水 차단시키고 운명선과 생명선을 꽉 움켜쥔 채 첫 자발호흡부터 마른 울음만 내질러야 했어요.

2

상고 졸업하고 스무 살 무렵, 수 어두운 집주인 대신 도리짓고땡 패를 돌리던 대역인생 끗발은 따라지 목숨이어서 종교 없이도 합장이 생활화되다. 그때 기도가 새끼 치는 갈망을 교집합 하면, 교집합둘레에 괄호가 울타릴 쳐 합장이 염원을 가둔 괄호임을 배우다. 그 뒤로 기도에서 의혹이 태어나 그녀의 불두덩 밑에 육각肉刻된 괄호가 의뭉스러웠으나, 상고에선 수학을 가르치지 않아 몽땅육필에 침 묻히는 버릇만 들다. 스물한 살, 문장이 수태한 괄호를 규명할 인격은 미성숙했으나 모든 방정식은 괄호부터 풀어야 해 그녀의 괄호에서 솟아난 샘물이 욕망의 발원지임을 눈치 채다. 어둠으로 꽉 들어찬 그 괄호를 탐색하기 위해 눈에 불을 켰던 그해 여름 논산훈련소로 끌려가다. 복종과 아부와 군림의 계급장이 서로 다른 것을 알고 자청해 끗발의 하수인이 되다. 스물다섯, 군에서 배운 권력의 삼위일체를 써먹으려고 증권회사에 취업하다. 스물여섯, 그녀의 괄호에 갇혀 오도 가도 못하는 행색이 초라해 결혼을 감행하다. 서른, 괄호에게서 해방된 기분에 맘 놓고 들어간 인생의 무덤 속은 권태로워, 그녀 몰래 마릴린 먼로를 《선데이서울》에 숨겨 집안에 들이다. 생사를 초월한 불륜은 완전범죄라 가정의 평화는 지켜졌으나 괄호에서 벗어날 길은 더 요원해지다. 서른셋, 일삼는 부적절한 언행으로 귓속에 도청장치가 설치되다. 이후 동문서답으로 감시망을 피하다가 마흔한 살씩이나 처먹고도 애비 없는 자식이 돼 후레자식 소릴 못 면하다. 마흔둘, 늑막에 종주먹을 내지르는 종양 때문에 수명계산식에 오류가 생기다. 담당의가 병실로 찾아와 생의 남은 유통기한을 설명했으나 전문용어라 알아듣지는 못하고 늑골 사이사이가 통조림 홈통처럼 패여 몸속 내용물이 상한 걸 알다. 공기가 차단되지 않아 그리 된 걸로 판단하고 대기권 밖 천국행 편도 티켓을 끊으려고 응급실서 대기하다가, 장례식장이 만원사례라 포기하다. 이때의 실패가 처자식도 내팽개치는 이기심이, 타고난 체질임을 확진해주다. 마흔셋, 통 체질 개선이 되지 않아 이 병원 저 병원 동가식서가숙을 시작하다. 마흔넷, 목숨 동냥질이 눈꼴 시려선지 IMF사태 때문인지는 모르겠으나 1998년 2월 직장상사가 내두른 혀 놀림에 모가지 윗부분이 허전해지다. 그날 이후 앞날이 보이지 않아 애비 父의 머리통을 찾아 거리를 헤매다.

3

혼미에 빠진 생활이 휴거休居를 믿기 시작했네. 믿음이 깊지 않다고 판단했던지 자신의 명성을 10루블 화폐와 교환해버린 시인이 우리말로 "삶이 그대를 속일지라도 슬퍼하지 말라"고 설교하며 시인是認 천국, 불시인不是認 지옥을 전도했네. 시인을 해도 구원받지는 못했네. 욕망은 감각에 기생하는 기생식물, 감각 통제하는 정신을 시들게 만들어서 거꾸로 매달아도 삿갓을 벗지 않는 양물이 오늘도 생식기능 폐관한 형해의 괄호 앞에서 1인 시위를 하네.

4

더 이상 주먹 쥘 힘이 없으면 세계가 눈앞에서 신기루처럼 사라진다지? 이것은 삶의 토양이 사막이라는 반증이어서, 그가 누구든 어떻게 살았든 갈 때도 올 때처럼 눈을 감겨주는 것이지만 사실 그건 눈물이 바닥난 것. 산 자들의 눈물이 아무리 뜨거워도 마지막 거동을 끝낸 자들이 따라 우는 법은 없지. 다만 체온식기 전 누수漏水되는 마지막 한 방울 누수淚水에서 어떤 문장은 사람의 울음을 알아듣고 괄호를 수태하는지도 모를 일. 모름은 그 자체로 완벽하게 순수해서 괄호 속에 공손한 물음표로 착상해 시작하는 생들이 끝날 때 자기점검으로 느낌표로 강직되는 것인지도 궁금한 일. 그때 마침표로 나온 한 방울 눈물이 흘러내리며 느낌표로 치환돼 눈물이 소진되는 것인지도 알고 싶은 일. 그리하여 생은 누구나 가도 가도 끝이 시작인 전인미답.

몽유병

슬픔은 굶주린 이리떼
슬픔은 알콜중독자
슬픔은 의무 책임 예의 도덕을 제정한 죄인
슬픔은 조울증을 앓는 상징주의자
슬픔은 시간에 갇혀버린 난파선
슬픔은 날짜변경선을 넘는 도둑비
슬픔은 용천수, 그래봤자
슬픔은 봇도랑
봇도랑 위에 구름다리가 걸려있었지
구름다리 건너 길은 에돌았고 밑은 낭떠러지,
언제 무너져 내릴지 모르는 년대年代 끝에
한쪽 끝을 걸친 구름다리 위로 군가가 힘차게 떠다민 이십 대는
찰나를 사는 곡예사, 청춘은 슬픔이라는 악성종양을 키웠어
종양은 마침내 결핍, 혈안, 자아망실, 기만에서
권력에의 의지에로 전이됐지
그 질병들을 키운 숙주는 젊음
흔들리는 구름다리는 가벼운 방심에도 쉽게 끊어져
정신없이 매달려 공중곡예로 착지한 곳은 벼랑의 배꼽
다시 되돌릴 수 없는 그 외통수지점에서
끊어진 구름다리가 탯줄처럼 흔들렸지
벼랑에 매달려서야 삼십 대는 고소공포증이 있다는 것을 알

았어

위도 아래도 쳐다볼 엄두가 안 나 오직 벽만 마주하고
무너진 구름다리를 기어오르던 삼십 대와
혼이 반쯤 빠져 체념의 반작용으로 발을 내딛던 사십 대는
박제된 망각, 진 다 빠져 겨우 올라선 벼랑 끝은 구름의 거처였네
구름 속에 슬픔이 떼거지로 은둔해있었어
다시 건너갈 수 없는 건너편 길은 에돌았고 밑은 낭떠러지,
몽롱한 구름은 슬픔으로 완전히 충만해져야 소멸했지
말하자면 그것은 말기 간경화환자 얼굴빛으로 변한
구름의 식은땀이야

청맹과니

어둠은 오직 눈뜬 자들만의 장애물
바람이 어둠 속 지형지물을 더듬어 빠르게 이동하고 있다
우리는 잎 틔우지 않는 나무는 죽었다고 말해도
불던 바람이 사라지면,

바람이 잔다고 말해서
바람이 분다

몸통 태엽이 작동해야 피어나는 나뭇잎들은
청맹과니 시간을 따라 바람 가는 쪽으로 눕고
목숨은 죽음과 싸워 백전백패라서
나는 맞바람에 휘청대지만,

살아있어야 죽을 수도 있어
바람이 분다

한 청맹과니가 다른 청맹과니를 인도해간 세상 끝에서
천지 가득 바람의 울음이 차올라
귀보다 눈이 먼저 멀고,

아 그렇게 오는 밤이 느껴져
바람이 분다

2부

검은 길

편도 2차선 동부간선도로, 제 힘으로 움직일 때는 탄 적 없는 리무진 영구차를 타고 가는 사람 옆 차선에 붙어 제 힘으로 움직일 때는 탄 적 없는 견인차를 타고 폐차장으로 가고 있는 차가 있다 그 뒤를 제 힘으로 움직이는 자들이 제 힘으로 움직이는 자동차를 타고 줄지어 쫓아간다

반대편 차선은 텅 비어 있고

입관入棺

죽는 게 어디 쉬운가,
죽더라도 스물네 시간 동안은
숨 꼼짝없이 참았다가 죽어야 한다
사지 빳빳해지도록 있는 대로 힘 줘
호흡 참는 걸 들키지 말아야 한다
극한 고통에 캄캄해진 몸속 어둠
뱉어내고 싶어 자꾸 벌어지는 입,
방음되는 솜뭉치로 틀어막고서
일체의 잡념도 떠오르지 않는 공포를 견뎌야 한다
얼추 지금 누운 관만 한 쪽방에서
혼자 기거하시던 처고모도 이 순간
죽는 게 사는 것보다 어렵다는 걸
비로소 아셨음이 분명한데
어찌 생전부터 "죽지 못해 산다"고 말씀하셨을까?

죽음의 시간

곡성과 눈물을 참는 먹구름이 몰려든다
이성理性이 부력을 잃어
기능 상실한 생각들이 유체이탈을 감행하고
물기 머금은 슬픔의 무게에
시선 끝이 노점상 앉은뱅이저울 쪽으로 급격히 가라앉는다
무한허공 떠받치고도 영점에서 미동도 않는 저울바늘
허공의 무게가 무無게 된 사연이야
수술승낙서 작성한 을의 몫이라도
복받치는지 잠깐사이 저울 위 플라스틱바구니에
먹구름의 눈물이 20그램 가량 고인다
그 무게를 재는 저울바늘과
안구에 고인 눈물의 무게를 재는 내 시선이 정확히 일치한다
사람은 마지막에 가서도 몸무게 21그램을 소진시켜야
생을 끝낼 수 있단다
누구들이 영혼의 무게라고 믿는 그 무게가 혹시
어떤 감정의 무게는 아닐까?
그래서 죽어서까지 손톱이 자라는 게 아닐까
초등학생 둘 남겨두고 느닷없이
죽음에게 뒤통수 맞은 누이를 염하며
손톱 짧게 자르고 갓난아기마냥 손싸개 씌운 뒤
몸통마저 꽁꽁 묶어 매장했건만,
못 미더웠던가 보다 그쪽 집안 식구들 모두 모여

누이 묘를 개장한다
두 눈에 흙 들어찼어도 머리칼 죄다 쥐어뜯고
온몸의 살이란 살 다 찢어발긴…
참혹한 욕망의 잔해

광복光復

맥박이 동공을 찌른다
찌른다는 어감의 날카로움에 찔려
허파가 심근경색을 일으킨다
통증은 기고만장이 벌이는 사보타주,
딴청 피우는 면전의 사물들에게
저절로 허리가 굽혀지는 예의는
굴종이 아니다 잘못 살아왔음이다
산동제에 제압된 빛의 과다출혈로
그 동안 사물의 외형만을 세뇌 시켜온 조리개가
동작 그만 자세를 취한다
서둘러 눈꺼풀이 봉쇄된다
노출부족으로 망막에는 캄캄하게 감광돼나
뇌리에는 하얗게 인화되는 고통이
뇌의 파업을 선동한다
흑과 백 사이에는 중립지대가 없어 회색지대가 형성된다
단 한순간도 쉬지 않는 죽음, 살아있는 이 생명체로 인해
내 정신과 마음 사이도 그렇다
중립지대가 없는 입장들은 서로 투쟁한다
내가 죽지 않는 한 절대 죽지 않을 죽음 때문에
뇌의 파업을 지지하는 나는
내 몸의 식민지,
해방을 쟁취하기 위해 일생을 투쟁해 왔다

오직 유체이탈만이 광복光復이다
죽음은, 캄캄해지는 게 결코 아니다

발인發靷

영정 얼굴을 처음 보는 사람들이 황망히 절을 올리고
망자는 전혀 모르는 이름들이 삼가 슬픔을 느껴 조화를 보내는,
천편일률은 건조해
주검이 막강한 죽음의 권력을 흠향하는 동안
슬픔은 개운한 표정으로 환원되고
죽음도 흡족한 면이 없지 않아서
죽음을 소유하고 21그램이라도 가벼워진 주검의 발인發靷은
죽음이 홀가분하게 느껴질 때쯤 시작됐다

영정을 앞세우고 산 자들이 죽은 자를 뒤따른다
죽고 사는 것에 순서를 둬 행렬을 만드는 죽음의 절차로
발인發靷은 발인發軔과 등가가 된다
한 주검이 떠나감으로써 새로운 죽음이 시작되는 이 윤회의 패착으로
장례식에 다녀올 때마다 늙은 어머니가
나를 집밖에 세워두고 왕소금을 뿌려대지만
전생을 기억하지 못하는 내 종생의 종교는 영면,
후생의 상속포기를 도모한다

나무학

— 무제無際

존재해야만 쓸모가 있다
존재하지 않는 것은 아무것도 아니므로
나무는 죽어서 그 무엇이 된다
문짝이나 책상 등으로 환생했다가
또 다시 죽어 개집도 되었다가
마지막 생을 소신공양하고 있는 중이다
지금 책상 앞에 앉아 있는 나도
죽어서도 살아볼 궁리 끝에
종이 위에 연필로 시를 끼적이지만
지금까지 목격한 바로는
막상 죽고 나서는 그 누구도
아쉬운 표정을 짓지 않았다
생각하면 할수록 종잡을 수 없는
생과 사의 관계,
문득 삶이 낯설어 진다

테러리스트

혁명가는 세작만큼이나 흔해서
나는 테러리스트가 되고 싶었죠
확실한 건 비밀이 없으니까
불특정한 대상은 완벽한 예측불가능이니까
시는 우발적으로 나를 놀래키죠
상상은 둘레가 없어서 테러를 감행하기에 안성맞춤이죠
특정된 생각은 상상이 아니니까
대상이 특정된 혁명보다
불특정한 테러가 더 매혹적인 건 당연했죠
시의 목격자이면서 행위자인 시인은
상상이 우발적이란 이유로
자신이 벌이는 테러에 관대해요
혁명이 아니라 테러기에
신념은 늘 주도면밀함이 어설프죠
신념이 생기려면 불가분하게 불신에 먼저 압도돼야 하니까
변절은 해도 갱신은 엄두를 못내는 신념이야말로
불신의 위선일 확률이 높을 수밖에 없는 거죠
내 불신은 발설의 기폭장치,
시가 자폭할 때 세계는 비로소
혁명을 기억해 내죠

시편들

무의식은 비전향 무기수
전향轉向한 의식과 결탁해
틈만 나면 내 정신으로부터
탈옥을 모의하고 결행한다

백에 아흔아홉 실패한다
1퍼센트 성공률의 부끄러움,
또는 황홀함

신탁神託

휘발돼서가 아니다,
입이 사출시키는 말은
불량률이 높아서 글이 생겨났을 것이다
입이 가동을 멈춰야 들리는 글 '침묵'은
글로 발성해야 들리는 언어세기 이전의 말이라서
신뢰받지만, 글은 말의 낙인
의심을 옹호하다 말의 사원으로 유배된 詩여
너는 불로 지져지는 고통을 감내한다

글로 말을 듣는 시대는 언행일치의 시대
오늘도 말의 제사장들이
의심이 구석구석 박혀 보석처럼 빛나는 머릿속 신전에
불타오르는 너를 번제물로 바치지만,
신탁은 글로 발성되지 않는 예언이라서
이 세상에는 없는 불립문자로 완성된다
휘발되지 않아 영원히 봉인된 말,
'침묵'이 그렇다

물의 집합방정식

가시가 온몸을 파고들어도 고요한, 연못을 본다. 고요에는 마음이 숙연해지는 치명적 성분이 있다. 숙연함은 의심을 기도로 바꾸려는 연금술 같은 것, 이해불가의 고행을 하는 연못에 대해 경배심이 들게 만든다. 그러나 몸의 태반을 가시연잎으로 감싼 이 연못도 열 길 물속은 훤히 들여다봐도 사람 속은 모를 텐데 별들의 천국이 지옥 같은 내 심정을 무슨 수로 읽어 태양계의 유일한 오아시스를 수면에 비춰주는 것인가.

속을 알 수 없으면 의뭉스러워 보이는 건 깊이에는 감추려는 속성이 있기 때문이다. 저 연못이 물을 끌어 모아 깊이를 획득한 것은 부정형不定形인 저의 본질을 감추려는 거 아니겠는가. 그래서 더 음흉하다는 생각이 들어 유심히 들여다본 것인데 연못이 시치미를 떼며 낯 두꺼운 내 모습을 깊이가 없는 입체로 되비쳐 보여준다. 너의 몸도 물의 요소로 채워져 있어 네 그림자에 깊이가 없는 것이라는 것을 은연중 암시하는, 이 물의 집합방정식이 자아를 푸는 열쇠라는 것을 알고서야 그동안 깊이도 없이 깊이를 보여주는 거울의 참 같은 거짓을 참으로 인식하는 잘못을 범해왔다는 것을 안다.

정신은 시인된 자세로 살고자하면서도 마음과 몸은 여전히 깊이와 상像이 겉도는 세상에서 전전긍긍하는 내 작태가 한심한지 그림자 없는 바람이 연못에 고인 구름즙을 냅다 걷어찬다. 지상에 붙박인 연못물에 촘촘히 가시를 박고 부동不動하던 가시연잎들이 출렁출렁 부유한다. 순간, 가시연이 물의 기질을 변혁 상승시켜 연화세계蓮花世界*를 펼쳐보여도 세상은 허공에 떠있는 부동체浮動體라서 부동不動의 정의는 정의되지 않는다.

문득, 같은 객관적상관물*이더라도 화자話者마다 객관객체*가 달라서 시는 정형화되지 않는다는 사실은 명쾌해졌지만 언어 자체는 깊이를 갖고 있지 않으므로 시편들에서 삶에 대한 어떤 깊이가 느껴진다 해도 시어가 축조하는 이미지들은 그림자에 불과하다. 그림자만으로 실체實體를 어찌 알 수 있는가. 그러니 나여 대강만으로는 시가 될 수 없음을 직시하라.

* 극락.

* 시에서 정서와 사상을 표현하기 위하여 찾아낸 사물, 정황, 사건을 이르는 말.

* 감각 사유 의지 따위의 모든 주관이나 주체의 작용대상이 되는 객체를 이르는 말.

상징 1
— 겉과 속

시인으로 알려진 늙은 사내가
바나나를 까먹는 여류시인에게
"바나나가 어느 쪽 방향으로 휜 것인지를 아느냐"고 묻는다
바나나 과육을 입에 넣은 채
시적詩的 발상에 골똘하던 그녀가
뒤늦게 얼굴을 붉히며
"어머, 하늘 쪽 아닌가요?"라고 대답한다

바나나는 노랗다는 인식에 편승해 노랗게 착색시킨 우유를 바나나우유로 명명한 상술이거나, 또는 그 상술의 눈속임을 비난할 목적으로 TV광고에 바나나 속은 하얗다는 문구를 집어넣은 다른 유제품의 속 보이는 기만이거나, 혹은 바나나 과즙이 첨가됐다는 말로 두 제품 모두에 바나나 성분이 없다는 것을 암시시키는 전략이거나,
바나나 껍질에도 검버섯은 핀다
검버섯은 펴도 물론 바나나 겉과 속은 다르다

상징 2

— 가을

삼가 더위에게 조문 갈 날을 기다린다
검을 양복을 입고 당당한 걸음으로 햇빛 속을 걸어서
깃발이 만장처럼 나부끼는 장례식장에 도착할 것이다
어느 누구도 울지 않는 축제를 흐뭇하게 바라보며
속이 드러날 정도로 잘 익은 햇빛에게 경쾌하게 손을 흔들어
바람의 배신을 비웃지 않으리라
삼가 더위의 영전에 향을 피우리라
꼭대기부터 타 들어가는 낙엽송 앞에 서서
어쩔 수 없이 내 몸을 버렸던 땀의 고난을 뉘우치리라
그런 후에 삼가 더위의 영정을 보리라
태풍과 번개를 더 이상 겁내지 않는 청색증 얼굴을 오래 노려보며
흐느낌처럼 멀어져가는 회상으로 흔들리리라
그러나 바람의 배신을 생각해서
제례의 절은 삼가 하리라

게눈

이쯤에서 생각해보자
머리에 돋는다는 게눈에 대하여
근성을 발휘할수록 소용돌이 속으로 빠져드는
그 눈에 대하여
나는 지금껏 어떤 길을 걸었으나
걸을수록 가고자 했던 방향과 어긋났으니
이쯤에서 다시 생각해보자
내가 이런 사실을 모르고서 악착을 떠는 것인지를
내세가 무서워 나는 똑바로 걸었다 어긋난 방향으로
그러나 내 머릿속에 뿌리박고 솟구친 눈은
어떤 삶도 마음대로 살아지는 것을 본 적 없으니
반환점을 돈 이쯤에서 다시 생각해보자
내가 걷고 있는 길이 어긋난 방향이라 해도
똑바른 방향으로 가고자
이제 와 게걸음질 칠순 없는 노릇 아닌가를
게눈 속에는 게눈*이 있어
내가 방향을 주시할 때마다
시선은 폐곡선으로 휘어지고
어느 방향에서 도달하든 각자의 삶이 도달하는
꼭짓점 뒤에는 무한여백만이 있어
내 뒤를 옆걸음질로 따라오는 식구들 머릿수만큼의 말없음표로

내 머리에 돋은 눈이 소용돌이치는 것임을

* 추녀 끝이나 박공에 소용돌이 모양으로 새긴 무늬.

고향

— 여우는 죽을 때 왜 머리를 자기가 살던 굴 쪽으로
두는가

살다보니 종종,
왜 어머니 뱃속서부터
사람 꼴이 제대로 된 뒤에야
머릴 땅 쪽으로 두는 것인지를
생각하게 됩니다

나무학
— 그루터기

너는 비의 게놈이 보관된 금고
너는 새들의 혼령이 깃든 신당神堂
너는 불행을 찾아내는 수맥탐사 추
너는 내 상상력의 방아쇠
너는 절지동물인 나무들의 이빨
너는 무자성無磁性을 끌어당기는 자석
아무 엉덩이나 털썩털썩 달라붙을 때마다
너는 불가사의한 세계에 불시착한 우주선,
그리하여 장승의 피 냄새가 맡아지는
너는 미스터리 서클

3부

적막

오른쪽 귀가 슬하의 소리들을 데리고 몸을 나갔다
종일 귓가를 맴도는 소리들을 바라보는 게 낙이었던 두 눈은
한동안 닫아건 문을 열지 않았다
두 눈의 칩거에 대해
몸 안에 세든 마음과 생각들이 청문聽聞을 벌인다
곤혹스러웠던 왼쪽 귀는
적막해진 제 처지를 이겨내려고
보청기를 입양해 낮이나 밤이나 품에 끼고 살아간다
적막은 가족력,
아버지와 아버지아들과 아버지아들의 아들까지
연혁沿革이 퇴적되고 있는 내 가계는
보청기가 동시통역을 해주지 않으면 소통이 불가하다
어느 날 자신이 혹사당하는 게 입양 때문이라고 여겼던지
소란한 거리 한가운데서 보청기가 통역을 거부하며
침묵으로 일관했다
시끄럽고 번잡한 세상에 홀로 남겨지고서야 왼쪽 귀는
처음으로 자신이 몸의 변방으로 유배된 이유를 헤아렸다
오직 과거만을 보여주는 별빛처럼
세상의 변방으로 갈수록 소리는 침묵을 모방한다
우리가 소리로 소통을 하는 건
적막이 세상을 감싸고 있어서이지만
내 가계에서는 침묵도 진화해 다변화한다
오늘의 침묵은 긍정이다

그림자 혹은 마음 1

전정기능이 망가져
때때로 걷지를 못하고 쓰러진다
그는 그래서 그렇다 치고
그런데 너는 어째서 쓰러져 있는 것이냐

바닥에 납작 엎드려 직립을 경배하면서도
부단히 수평을 지향하는 너는
기립의 버팀목,

나는 휘청휘청 그러나 뚜벅뚜벅 걷는다
내가 죽으라면 죽는 시늉까지 하면서도
본래의 습성을 잃지 않는,
너의 어떤 보편성이라는 것을 믿고

그림자 혹은 마음 2

항상,
빛의 반대방향으로만 옮겨가는 너는
그러나 어둠의 반대방향으로 가야
존재를 증명할 수 있다

빛의 세계에 속해
어둠을 곁눈질하다가
어둠의 세계로 진입하면 존재를 망실하는
너는,

확신범이라서
몸 있는 것들에게 있는
너는
몸이 없어,

객관적 평가를 위해
멀리서 조명할수록 확장하는 너는
너를 요약하기 위해
복수 조명할수록
확산한다

그림자 혹은 마음 3

걸음 떼기 무섭게
발바닥에 붙어 걸어온 행적 말끔히 훔치며 따라오는 내 그림자
새까맣다!
새까매도 투명해 쥐어짜도 나올게 없는 그림자들로
세상 바닥이 본색대로 빛나는 걸 보았으니,
사는 일이 어렵더라도
일몰의 슬하들이 해방시킨
고된 노동을 생각해
피아 구분이 없어지는 때를 기다렸다가
그림자에게로 투항해야지
양팔 높이 쳐들고 이리저리 흔들거리는 풍선인형처럼
저렴한 비굴함 쯤은
댄서의 무아지경으로 여기고,
그림자 없는 불빛이 소환하면
얼룩조차 없어 시간도 탈색시키지 못하는 그림자 대신
속죄의 검은 땀방울을 흘려야지
그런 뒤 풍선인형을 떠나는 바람처럼
그림자는 두고 유체이탈을 감행해야지

그림자 혹은 마음 4

혼자 외등 켜 있는 골목길을 가는데
누가 뒷덜미를 잡아끄는 느낌,
내가 나동그라지니까
따라오기 싫어 길게 늘어났던 그림자가
바로 수축해 몸 밑에 깔린다
그림자는 두께는 없어도
세상에서 가장 강한 인장강도를 가지고 있어서
내가 툭툭 털고 일어났듯이
기립의 최하부에서 무게 중심을 잡고 있어
넘어진 걸음걸이를 오뚝이처럼 다시 일으켜 세우는 그림자의 하중은,
어떤 기중기도 들어 올리지 못한다
그림자는 아무 무게가 없어서

쓸개를 위무하는 노래 1

— 별똥별

회사와 집 사이를 공전하던 별이
궤도이탈을 하자 공전축인 항성의 흰자위 흑점이 폭발한다
"멀쩡한 사지 놔두고 왜 뺀들뺀들 놀고 자빠져있는 거야"
"시 나부랭이나 붙잡고 있으면 밥이 나와 애들 학비가 나와"
공전하지 않는 항성도 자전은 하므로
꼭지가 도는 건 당연하다

꼭지가 도는 것들끼리는
살짝 스치기만 해도 불꽃을 튀기며 격렬하게 튕겨져 나간다
상대에게 스크래치를 남기면 자신도 상처를 입는,
이 우주적 관계는 시시비비를 가려
누구의 잘 잘못을 따져 물을 만한 범주가 아니다

연애시절부터 아내 주변을 맴돌던 나는
궤도에서 튕겨진 유성이 돼서야,
제 처지의 종말이 예감 돼
홀로 멀어져가며 회광반조回光返照 중이다

쓸개를 위무하는 노래 2

— 중독

하여 내 향일성은 구름을 좇는다.

꼬리로 태백산을 휘감은 한강이
물고 있는 여의주라는 소문이 자자해서
도강하는 구름을 좇아 서강대교를 건넌다

포경수술한 지붕을 허공에 쑤셔 박고 있는 국회의사당과
중독성이 강해 별 이로울 게 없는 방송사와 신문사
그리고 세계 최대 신도수를 보유한 교회와
한때 내가 호객꾼 노릇을 하던 증권사들까지
뜬구름처럼 몸집을 불려가고 있다

밑천 다 털려 그 바닥서 쫓겨난 지가 언젠데
화냥년처럼 빨갰다 파랬다 요변덕 떠는 주식시세판만 보면
금단현상으로 눈 회까닥 뒤집혀
왕년을 거들먹거리는,
중독의 폐해를 어쩌지 못해

쓸개를 위무하는 노래 3
— 입

잘못된 투자 권유로 고객에게 손실이 발생했다
횟술 먹고 토한 좌변기 물을 내렸는데 꼬르륵 소리가 들린다
토사물을 삼키고도 허기져 하는 소리가 역겨웠으나
부양해야 할 입들이 있는 처지에서는
뭘 먹어도 다시 말간 침 그득 고이는,
그 입을 혐오할 수만은 없었다

책임져야 할 입들이 있어
책임지지 못할 말들을 이십 년 넘게 뱉어왔다
그리고는 투자자에게 손실이 생기면
"투자과실에 대한 모든 책임은 투자자에게 있다"는
주식투자 동의서에 적힌 약관을 믿지 않은 고객을 탓했다

주취 깨려고 산 약봉지 밑단에
"약은 약사에게 진료는 의사에게" 라는 문구가 적혀있다
내가 으레 이 문구를 신뢰했던 것처럼
전문가임을 자처하는 날 믿었다 낭패를 본 고객들께
"입이 있어도 드릴 말씀이 없다" 는,
사죄의 말이야말로

사후약방문

불가사의한 동음동의어

한숨은 바람의 진원지, 하여
바람은 실현 불가능으로써 지속적이며
실현 가능으로써 간헐적이다
바람의 기류는 대체로 선함에서 발생한다
그러나 누구로부터도 통제를 받지 않는 바람은
심기가 비참에 빠지면
고립된 유배의 내력으로 욕망했다
그렇게 톺아진 바람은
독단적으로 부풀고 팽창해 악성이 됐다, 하여
한숨은 바람의 진원지
원인을 알 수 없다는 담당의의 말을 엿들었다
긴장감이 저기압으로 떠도는 병실은 음울했으나
모든 바람의 배후에는 태풍의 눈이 있어
고통이 유발하는 거친 바람과
살고 싶은 간절한 바람의 상호작용으로
어느 순간 바람이 사라지는 불가사의가 발생했다
욕망을 무력화시킨 체념의 후광효과였다
바람이 사라진 병실은,
머리와 가슴과 한숨 사이에 삼각지대가 형성돼
온통 평온으로 압도됐다

아我

이성理性은 강박증 환자라서 윽박질러댔지만
욕망은 친절하게도 놀이공원 안내인이 되길 자처했다
감성은 병약해 전정기능이 망가졌으며
울음은 모음만으로 노랠 불러 신뢰감을 주지 못했다
사랑은 인색해 뒷담화만 신경 쓰다
우물 안 개구리가 됐고
염치를 모르는 후회는 철면피라서
반성을 배태할 때마다 습관성 유산을 했다
예의범절은 쌍으로 덤비는 된소리에 질겁해 정신병을 앓았다
오직 벌거벗은 부끄러움만이 때마다 부끄러워했으나
자만自滿은 별자리를 못 찾고 표류했다
도덕관념이 가세를 탕진한 뒤로는
부끄러움마저 후천적 면역결핍증을 앓는다
부끄러움이 부끄러움을 모르는 안도감은
상식이 식상食傷한 규범으로 법전에 등재된 탓이라고 우겼다
욕망이 불친절했거나 사랑이 독자적으로 명확한 것이라면
후회가 부끄러움을 등쳐먹는 일은 없었을 테지만
안도감은 타는 갈증에 마시는 바닷물 같아서
생기의 미덕은 놀이공원 안내인의 호주머니 속으로 들어갔다
이러니 양심이 비루해지지 않을 재간이 없었다
이제 내게 남은 건 상실이
천칭자리에 올라가 그 무게를 달아보는 일뿐이지만
천만다행으로 양심의 선택기능은 아직 작동했다

빨래

옆집 옥상 빨랫줄에 빨래들이 한 줄로 널려있다
빨래들은 왜 한 음계만을 고집할까
대체로 미거나 솔, 또는 시뿐인 악보로
어떻게 바람과 태양의 노래를 연주하는 걸까?
아니 저 단조로운 곡조에
나는 어째서 나마저 감동받는 것일까

단음계單音階 빨랫줄이 아닌
철조망 오선지나 마당바위 악보 위에
칠음계로 널린 빨래들은 비브라토로 나부끼지 않는다
진실은 아주 단순하다
단음單音의 웃음이나 울음이다
그러나 같은 음조라도

상업학교 실습생시절 제지공장 길바닥을 도배한
음란잡지* 사진들을 본 뒤
죄를 짓는 속도가 빨라진 내 눈빛은
옆집 빨랫줄에 널린 레이스 달린 팬티는 온음표로 읽고도
호흡은 제멋대로 16분음표로 하고,
아내의 팬티에 생긴 온음표 구멍은 16분음표로 읽는다
고백하자, 그것은 내가 진실과는
엇박자로 살고 있다는 증거다

>

내 심장이 바이브레이션을 할 때는
무엇이 진실인지를 알고 있을 때
……영혼의 때를 다시 빨아야할 때
하도 빨아 너덜너덜해진 영혼을
그래도 쥐어짜 빨아야 할 때

* 1970년대에 제지공장에서는 파지를 수입해서 종이를 만들었다. 파지들은 대다수 서양 도색잡지였는데 무관세라서 공장 밖으로 유출하면 조세포탈과 관세법을 위반하는 범법행위였다. 그러나 파지 형태로 수입된 종이뭉치 속에는 온전한 것들이 많았고 당시 세운상가에서 은밀히 거래되기도 했다.

붉다는 거

건강에 해로운 단맛이
지능의 높고 낮음을 결정한다는 연구결과는 권력적이어서
감나무는 바람 없는 날 스스로 가지를 부러뜨리고,
또 어떤 헛것들이 섭생을 요구하면
사회성을 상실한 내 감정은 무표정 속에 칩거했다
각자의 입장에서 발설하고 행동하는 것이 권력의 당위일지라도
뜨거운 맛을 봐야 붉어지는 것들……
단맛이 뜨거운 맛의 중화제라는 것쯤은 익히 알고 있었지만
내 표정은 사는 게 여의치 못하면
노출을 극도로 꺼리는 감각을 위해
내가 나를 저주하는 이기심으로 과도하게 미래에 도취했다
살아내기 위해 때마다 접종을 해도
권력에 대한 항체가 생기지 않은 나는 미래에 감염된 환자
증폭하는 성향이 있어서 암세포처럼 죽지 않는 미래에 감염돼
일곱 살 이후로 나는 사람이면서 사람이 되지 못해 늙어왔다
그래, 속된 늙음일지라도 누구나 감정의 맨틀에는 도그마가 들끓어서
위대한 포부나 냉철한 의무, 또는
눈물의 권력으로도 미래를 멸종시킬 수 없었다고 항변하자
그러나 포도당을 에너지로 쓰는 뇌는
애초에 단맛을 사랑하게끔 설계됐으므로,

거리마다 채용면접에 탈락한 의무가 발끝에 차이고
어쩔 수 없이 또 붉어지는 미안함이나
불분명한 슬픔 같은 것들이
몰락하는 미래를 예의 주시한다

우생학

오랜 병 수발에 지쳐
"혼자 살겠다"는 입버릇과 정분이 났던 친구
처 첫 제사 돌아오기도 전에
입버릇과도 결별하고 재혼한대서
문득 홀아비가 과부보다 수명이 짧다는 뉴스가 생각났다

남성 평균수명이 여성보다 짧은 것은
열성인자는 도태되는 진화의 법칙일까
성염색체도 배필을 둬야 그나마 사람대접을 받는,
수컷들 자존심의 열등감인지가 궁금했는데

남성우월주의에 기가 눌려
남장男裝하고 내 몸 어딘가에 숨어있던 페미니즘이
아내가 폐경을 하자 본격적으로
내 몸에서 에스트로겐을 쥐어짜 낸다

어떤 새들은 골목에 둥지를 튼다

큰 아들 더부살이 보내서, 초등학생이 鳥자로 잠드는 식구들 발치에 횃대로 누워 잠을 잤다. 새가슴 지탱해주던 대들보 뽑힌 뒤로 어머니는, 鳥자로 누워 까마귀 울음을 울어댔다. 단칸방 지붕이 길바닥보다 낮아서 바닥 다지는 발소리에 어린 잠이 밀폐되면, 먼 앞이 궁금하지 않은 우듬지 지붕 없는 새들의 단칸방은 낙원이었다.

산비탈 생활은 숨이 할딱댔다. 가파른 길들은 눈 부릅떠야 불거지는 이마주름처럼 도드라져 있었고, 판잣집들은 비탈로 쏠린 생들을 품고 몸 가누기 위해 서로를 골목으로 동여매고 버텼다. 그러다 기진한 집이 주저앉아 골목이 느슨해지면 도미노로 무너져 내렸고, 그 틈을 맹금류처럼 노리던 자본가들은 그 자리에 지붕 없는 집들을 층층이 쌓아 올려 우듬지를 만들었다. 높이 자라난 집들로 산비탈이 울울창창해질수록 집과 집을 결속해주던 골목들이 사라졌다. 골목 사라진 자리마다 공동체건물이 바벨탑마냥 솟구쳤지만, 골목이 사라지면 공동체도 붕괴됐다.

바닥이 지붕인 집들이 펜트하우스를 떠받치고 있는 공동체건물에 들어갔다가 산비탈서 행방 감춘 골목을 목격했다. 주름 있는 대로 곤두세운 채 막다른 길이 돼 궐기하고 있었다. 길은 서로 연대해야 막다름에 다다르지 않는다. 그러나 길은 또

연대하면 필연적으로 갈림길을 만드는 숙명을 가지고 있어서, 의지할 곳을 잃은 산비탈 주민들은 골목을 찾아 뿔뿔이 철새가 됐다. 텃새 떠나간 폐허마다 바람 빠져나간, 바람의 잔해가 참혹해 내 꿈은 성장판이 닫혔으나 아직 날아오르지 못한 나는 깃털 흩날리는 날갯짓을 멈출 수 없었다.

시간이 느려지다가 잠깐씩 멈추는 그때

풍경의 바닥

흘수선 아래 선적했던 발바닥 부려놓고 개흙 위에 정박한
선체 부식된 가죽거룻배 한 척,
발바닥이 망망茫茫 세상 항해하며 해댄 앞뒷질 멀미로
거룻배 뜸집에서 고린내가 진동했다

(신발은, 적재한 발바닥을 하역하면
무게 중심이 불안정해져 전복의 위험에 빠진다)

함께 선단을 꾸렸던 다른 거룻배 한 척,
두 배가 거리에서 예인해 온 무릎 절단된 그 집 사내처럼
고무밑창 드러낸 채 전복했어도
그대 발바닥은 종착지에 도달하지 않아
그대를 하역하지 않는다

여정旅情

누비이불에 양치식물 문양이 도드라져 있다
그 밑, 기억에만 존재하는 년대年代를 배경으로
묻혀있던 병력病歷이 발굴되고,
갈빗대와 횡격막 사이에서 발견된 혹에서 낙타울음이 출토됐다
사막이 된 입술을 낙타가 횡단한다

유목의 시대를 알지 못하는 침대 매트리스 용수철이
억눌린 심사를 거부하며 삐걱댄다
체온이 사막의 낮과 밤을 여정旅情 하는 동안
메말라 후더운 신음이
먼 우레처럼 생사의 나들목을 서성대서
방목했던 눈빛이 급격하게 빙하기로 접어들며
남은 여정旅程이 결빙된다

만취晩翠*

몸속 타고 오르는 골바람에
만 근 바위가 까닥까닥 위태롭다
벼랑 끝에 얹힌 그 바위를 지탱하고 있는 것은
삼십 그램도 되지 않는 영혼,
영혼이 통음을 일삼자
삼천 궁리들이 흔들바위에서 낙화유수다
굴러 떨어질 듯 떨어질 듯 위태로운 머릿밑에
오래 버텨온 자존이 넌지시 주먹을 쥔다

* 늙어서도 지조를 바꾸지 아니함을 비유적으로 이르는 말.

장봉도 시편

이어도를 보다

설비 일을 하는 곽 씨는 신맛이 나는 건 일절 못 먹으나
쓴 물만큼은 꿀 물인 양 들이키는 두주불사다
그런 곽 씨 몸에서 쉰내가 풀풀 날렸다
쓴 물을 짠물로 중화시킨 뒤 다시 신물로 발효시키는 생활은
아무나 터득할 수 있는 게 아닐 터,
집수리하느라 수고했다고 집주인 장 씨가 숭어회를 한 턱 냈다
초고추장에 버무린 회를 먹으며 저마다
서로의 노고를 한마디씩 거드는데,
강소주만 그냥 들이키던 곽 씨는
속에서 신물이 올라오는지 크악! 소리만 내뱉는다
그날 저녁 곽 씨 얼굴 위로
짠물이 빠지면 쓴 물에 잠기고 쓴 물이 빠지면 짠물에 잠기는
섬이,
언뜻언뜻 그 모습을 드러냈다

자본주의

노동판에서 잔뼈 굵은 현장반장 최 씨는
허드렛일을 하는 늙은 박 씨는 박 사장으로,
박 씨를 부리는 미장공 서 씨는 미쟁이로 호칭했다
쟁이가 사장보다 품삯 더 받고
덜 힘든 일을 하는 젊은 일꾼이 늙은 사장을 부리며 군림도

하는,

그래도 아무 불평불만 없이 서로 손발 척척 맞는
천국이 공사판에는 있다

인사불성

몽롱한 해미에 취해 장봉도가
진종일 갯내만 풍기고 있다
고깃배 띄우는 일도 갈매기들 밥 주는 일도 잊고서야
장봉도는 비로소 평화롭다
그래, 별천지라는 게 딴 게냐
까맣든 하얗든 눈앞 지워지면 빛나는 소름 그거 말고……
섬까지 와 하루 일당을 공친 장 씨가
평소보다 곱으로 소주병을 깐다

수평선

입도할 때 활기찼던 계절이 시무룩하기에
홀로 장봉2리 방파제에 앉아 소주를 마시네
마시고 마셔도 취기가 오르지 않아 붉어져 버린 마음을
비워낸 소주병에 담아
삼십 년 전에는 남이었던 여자에게 띄워 보내네
되돌아설 틈을 주지 않고 밀물지던 연정戀情은
어느새 썰물 져 저만치서 수심愁心이 깊고

바다 드러낸 심사는 앙금들이 개흙처럼 짓물러 질척였네
입술 튼 생각이
생활의 짠 기억들이 구멍 파고 들어간 그리로 발걸음 옮길 때마다
발목까지 푹푹 빠져 바라보는 수평선,
한 줄 방파제에 막혀
내 마음 더 이상 흘러가지 못하고
눈시울 붉어진 바다 위를 너울대기만 하네

4부

나무학

— 父

성동세무서 앞 도로변
플라타너스들이 베어지고 있다
몸통만 남겨진 몰골들이 볼썽사나워
벌목책임자에게 베어내는 이유를 물었다
돌아온 대답은 가로등 불빛을 가린다는 것
가로등보다 키가 크면 자연히 해결될 일이니 유예기간을 달라고
플라타너스들이 통사정했을 법한데도
저들은 플라타너스들이 가로등 턱밑까지 치고 올라오는 것을
용납할 수 없는 모양이다
저들은 또 문명사회는 이처럼 좀 무자비해야만
나무들이 서슬 푸른 그늘을 악착같이 키운다고 생각하는 거겠지
정리 해고된 뒤
모가지 떨어져나간 애비 父자를
넋 놓고 들여다보던 때가 떠올라
제자리 꿋꿋이 지켜내려고 심장이 얼마나 고동쳤는지를,
베어진 뒤 내보이는
플라타너스들의 몸속을 오래 들여다본다

술고래의 유래

사람은 수생유인원에서 진화했다 —일레인 모건

온몸을 연장으로 쓰는 인종이 장봉도에 출현했다. 이들은 삼시 세 때 끼니보다 술을 더 찾았다. 술이 주식主食이어서 맥주에 소주를 말아 한 끼 때우고 마는 날이 많았다.

어린 시절 어머니가 쌀 한 '말' 변통해오라고 닦달하면, 아버지는 술 한 '되' 받아오라고 어린 자식 등을 떠밀었다. 술과 곡식을 계량하는 말이 어쩜 똑같아서, 어린 생각에 아버지 혼자 배불리 술을 먹어 어머니가 아버지와 싸우는 것으로 생각했다.

먹구름 혼자 비 오듯 땀을 쏟는 날은 일당을 공쳤다. 날품을 못 팔아도 끼닌 거르지 못해 숙소에서 낮술 먹고 있으면, 현장 사무실 사무원이 찾아와 "뭣들 하느냐"는 말로 인원점검을 했다. 이들은 이구동성으로 술 '마신다'하지 않고 술 '먹는다'고 대답했다. 몸을 연장으로 쓸 일이 없는 직원으로서는 '먹는다'는 말의 의미에 이들이 기호식품은 포함시키지 않는다는 것을 알 리 만무했다.

술을 보충하지 못하면 연장인 몸들은 밥심이 떨어져 힘을 쓰지 못했다. 그 중 목포 앞바다 주름잡다 주름투성이 된 박 씨는 뭍으로 끌려 나온 상괭이마냥 손까지 파들거렸다. 그럴 때 박 씨 위장에 술 한 사발 부어주면 공사판을 헤집는 박 씨 솜씨가 누구보다 날랬다. 이들 중 밥값도 못하면서 술이나 축내는 치는 박 씨 따라 잡부일 배우러 온 누구밖에 없었다. 술을 먹어도 싱싱해질 줄 모르는 누구는 연장 축에도 끼지 못했다. 책상머리에 앉아 술은 백약지장百藥之長이라고 헤죽대기나 하던 누구로서는 박 씨가 세파에 떠밀려 수심水深은 낮아도 수심愁心은 깊은, 장봉도 바닷가로 스트랜딩할 때 목숨 내놨다는 것을 알 턱이 없었다.

신맛은 매운맛을 감소시켜 일과 끝낸 연장들 몸들에서 쉰내가 진동했다. 이것은 진절머리로부터 몸이 배운 학문. 몸은 또 저를 연장으로 쓰면 쓴맛이 짠맛을 중화시킨다는 것도 알아 일과 끝나자마자 저마다 쓰디쓴 소주부터 몸 안에 들이붓는, 이 포유류들의 주량은 허기에 비례했다.

불가항력

해고통지서에 시베리아 한랭기류가 포진해 있어 치가 떨리며 몸과 마음이 동시에 얼어붙었다. 이럴 때 술 생각이 나는 것은 얼어붙은 몸과 마음을 녹이려는 게 아니다. 우리 몸은 전류가 흐르면 가열되다 타오르는 전도체여서, 치가 떨리면 난연성으로 변환하려고 얼어붙는 것. 이때 술을 마시는 것은 알코올이 비전해질이어서 전기적 성질을 차단하기 때문이다. 그러므로 스스로를 통제할 수 없을 때 먹는 술은 전해질인 눈물이 먹고 땀이 먹는 것, 술을 먹으면 몸이 전압을 낮추려고 피를 끓였다. 의학용어로 혈압이라고 부르는 전압이 치솟으면 끓어오른 피에서 단내가 풍겼다. 이것은 포도당이 우리의 생명에너지원이어서가 아니다. 전해질인 땀과 눈물을 비전해질인 당으로 변환시켜 몸에 벼락이 떨어지는 것을 방비하려는 것. 하지만 선과 악이 우리 몸에 공존하듯 전해질인 소금물도 비전해질인 포도당도 우리 몸에 꼭 필요한 필수화합물이라서 어떤 수단을 강구해도 사람 몸은 과전압이 흐르면 타오를 수밖에 없다. 그럼에도 우리가 술을 먹는 까닭은 몸의 발열이 미약해지면 생리식염수에 포도당을 희석시켜 몸에 주입하는 것처럼, 우리 삶이 땀과 눈물에 아주 수몰되지 않길 바라는 마음에서인 것. 노동으로 얼굴이 검게 타도 먹고, 노동을 못해 전해질인 땀을 배출하지 못하면 더 먹고, 오장육부가 벼락 맞은 고목이 돼도 먹고, 무엇보다 재물 없으면 멸시당하는 세상이라서 눈앞에 어린 핏줄들이 알짱거리면 죄인 아닌 죄인 곁에 있다가 벼락

맞지 말라고 아주 술독에 빠져버리기도 하지만, 따지고 보면 기립보행의 우월감이 우리 몸을 피뢰침으로 만들었다. 그리하여 느닷없이 정수리를 파고드는 날벼락에 끓어오른 피는, 어느 순간 니트로글리세린처럼 자연발화*해 해고노동자인 그의 몸은 불가항력으로 타오른다.

* 외부에서 가열하지 않아도 산화작용이 서서히 일어나면서 자연적으로 발화가 일어나게 되는 현상. 산화에 의해 내부의 온도가 발화온도까지 서서히 증가한다. 사람도 자연발화 한다는 기록이 남아있다.

굴뚝

늙은 사내 몸에서 연기가 뿜어져 나오고 있습니다
우리 몸은 스물네 시간 청소할 틈도 없이 가동됩니다
시간의 앞날을 예측할 수 없어서입니다
굴뚝이 연기를 내뿜는 건 외기 온도보다 내기 온도가 더 뜨겁기 때문이요
살아낼수록 사람 속내가 검댕이 들어차듯 검어지는 것은
시간이 불완전 연소하기 때문입니다
이윽고 사내 몸에서 흘러나오는 굴뚝 내벽 바스러져 내리는 소리,
시간에는 독성이 있습니다
장인어른은 내연內燃하는 시간에 질식하지 않으려고 오래 쿨럭 거렸습니다
쉼 없이 시간을 태우다 기도 아주 막혀버린 아버지를 화장하던 아내가
화장장 굴뚝을 무연憮然히 바라봅니다
시간의 부작용으로 검었던 연기가 두 시간 만에 하얗게 세서歲序
다 빠져버린 굴뚝을 함께 바라보며 새삼
시간이 매우 조급하고 공격적임을 각성합니다
내 육신의 이념은 보순데 시간의 이념은 진보라서
내 몸의 내기 온도가 외기 온도보다 뜨거워지는지도 모르겠습니다

이럴 때 우리 몸이 내뿜는 연기는 봉수 신호,
진흙탕 싸움이 시작됐음을 알리는 위급한 타진

나무학
— 동면

계절이 달력과 무관하게 흘러간다면
거기가 어디든 그곳은 동토죠
펄펄 끓는 태양 아래서 요지부동인 저 느티나무 좀 보세요
털북숭이가 돼서도 저렇게 시퍼렇다면
뼛속까지 젖었다는 이야기 아니겠습니까

나무들은 양지 속에 어둑한 동굴이 있다는 것을 알아
음지가 창궐하는 계절에 동면을 합니다
당신이 그걸 어떻게 아느냐고요?
동면중에는 꼼짝 않는 것이 필사적 몸부림이죠

뼛속까지 젖어 느티나무 심부 체온이 떨어지는 이 계절
겨울옷 껴입고 뙤약볕 아래서 꼼짝 않던 노숙자가
사람들이 해대는 부채질 소리를 피해 슬그머니 자리를 뜨네요
보세요 양지를 떠나는 그의 발걸음을 그의 그림자가 붙들고
늘어져
땅바닥에 질질 끌려가고 있어요
그런데도 끝끝내 그를 놓지 않아
길게 늘어나는 그의 그림자를 보고 느티나무그림자도
해가지는 반대방향으로 자꾸 길어지는 중이에요

자신이 덥다고 타자도 더우려니 하는 것은
지능의 약점입니다

억기*

빗소리
이 수인성 바이러스는
심인성 전염병을 유발한다

갈등
누가 내 귀에
방음벽을 쳤을까
몸 밖
소란 줄어들자
시끄럽게 붐비는
몸 안

해갈
눈물은
마중물
삼키면
울꺽대는 목울대가
깊이를 알 수 없는 심중에서
끌어올려
콸콸
솟구치는
통곡

* '심리' 연상에 의하여 과거의 경험을 다시 마음에 불러일으키는 작용.

보편성에 대하여

1

계란으로 바위 치는 소리가 났다
도끼가 내리찍을 때마다 갈매나무가 대응하는 소리였다
그 소리 계속 들려
쇠사슬에 포박돼 종루에 매달려 있던 당목撞木이
앞뒤로 반동까지 해 냅다 범종을 들이받는다
나무의 무모한 공격을 받고 기절초풍한 종소리에
한순간 천지간이 숨을 죽인다
행위는 둘 다 나무와 쇠가 적대한 것인데
행위의 주체에 따라 파장이 180도 바뀌는 이 모순이 정반합
이다

2

전등사 나부裸婦상 설화를 함께 듣고서도
너와 내가 혼인을 감행한 것은
나무들의 무모한 행동에 감염됐거나
상생이나 공존의 지혜를 터득해서가 아니다
음지와 양지처럼 상대가 있어야 존재가 설명되는 관계이기
때문이다

3

고대부터 도끼는 숭배의 대상이었다*

그녀가 도끼 자국으로 피 철철 흘릴 때
너는 두려움의 대상이지만,
그러나 두려움은 폭력의 고유명사
네 힘이 강자와 약자를 결정짓는다는 믿음은
정글에서나 번성할 수 있는 교리다

4
도대체 치유되지 않는 그녀의 상처에
내 그것이 분기탱천해 대가리 짓찧어 자책했을 때
그녀가 돌연 흘리던 피를 멈추고 그 상처로
분연히 슬하를 만들어 내 분노를 가라앉혔다
이 때문이다 남성성을 앞세운 양음陽陰이나 철요凸凹란 말 대신
여성성을 내세운 음양이나 요철이란 말이
내 입에 착 달라붙는 것은

* 고대古代부터 도끼는 많은 민족에 의해 신의 상징으로 사용됐으며 종교적인 예배의 대상물로 숭배됐다.

빙폭, 혹은 이명을 메아리로 바꾸는 절벽의 낙천성

어둠에 포위당해서도 움츠러들지 않고 맞서는 스탠드불빛
아래서 반경환 著,『행복의 깊이』를 탐독한다
사색인의 십계명에 나오는 여섯 번째 계율*의 부작용으로
형질 변경되는 의식의 자문자답은 흥정 끝난 밀거래라서,
무의식이 날개를 펼치고도 날아오르지 못한다
그리고
침묵,

상승보다 하강속도가 더 빠른 중력의 날개여
폭포는 본분을 다할 수 없을 때 작심한다
저의 내부에서 발생하는 소음騷音을 소음消音시켜
외부의 소음消音을 경청한다
그리고
침묵,

외부의 소음騷音이 소음消音되면
내부의 소음消音이 소음騷音으로 변하는 걸 알고부터
나는 증오했다
날개를 펼치고 비상하기 직전에 화석이 돼버린 절벽의 비명을!
그리고
침묵,

>

단절된 상태에서는 침묵이 더 큰 소음騷音이더라
이때 멸망한 소음消音을 엿듣다 보면,
우리가 듣는 내부의 소음騷音과
폭포가 경청하는 외부의 소음消音이
발생학적으로 한 계통이라는 걸 알게 된다
하여 블랙홀에 빠진 비명; 새하얀 침묵이여!
절벽의 낙천성은 불같이 쏟아지는 물의
직 하강도 멈추게 한다.

동상이몽

1
압축파일을 풀던 꿈에 에러가 나서 잠을 깼다
의식이 결백하지 못해 무의식이 불복종한 탓이다
잠을 잘 때도 알리바이가 필요한 게 삶이라서,

복종은 이중첩자
이념이 달라 월경이 금지된 적대감을 마음대로 오갔다
선임하사가 좆 대가리로 밤송이를 까라고 했을 때
이 사실이 들통 났다
그런 복종은 매복에 능하고
꿈은 타인의 눈에는 보이지 않는 스텔스기능이 있어서
구원救援은 천연기념물,
삶의 비무장지대에 서식한다

2
꿈과 복종이 한바탕 백병전을 벌이면
눈앞에 전개되는 구원九原과
구원救援은 겉과 속이 완전히 다른 동음이의어
말하자면 구원仇怨이란 말은
서로가 서로에게 볼모로 잡힌 신세다

3

견해 차이로 대치중인 아내와 딸이 동상이몽을 기도한다
면밀히 지켜봤더니 기도祈禱, 혹은 기도企圖도
복종이나 구원처럼 불합리한 것을 합리화시키는 기능이 탑재돼 있어서
어디에서도 찾을 수 없는 구원久遠은
별빛처럼 과거만 보여준다

그러므로 꽃이여

그곳은 어질어질한 낭떠러지라서
경계할 필요조차 없는 곳 그러나
시선의 뒤편이라 아무나 기습을 감행하는 그곳은
충격이 가해지면 암반 아래 들끓는 감정이 폭발해
사람의 기반이 무너져버리는 연약지반
먼 타자의 심중에서 지진이 발생하면
곧바로 분노의 해일이 덮쳐
몸끼리 뒤엉켜버린 폐허만 남기는 그곳은
이성과 야성이 혼재하는 세계인의 예루살렘—
그러므로 꽃이여, 생각지 못한 곳을 공격당하면
난공불락인 사랑도 내부균열로 속절없이 무너져
뒤통수를 치는 것이겠지만
무방비인 곳을 공격하는 짓은
사랑의 이름으로도 용납되지 않는 일
하지만 시詩는 사전예고 없이
진도 8 이상으로 독자들 뒤통수를 쳐야
독자도 시인도 카타르시스를 느껴 삶으로 실천되는 시는
생소한 식상을 공격하기 위해
끊임없이 시선의 뒤통수를 노리고
꽃은 저를 창조한 주체에게
뒤통수를 맞고 떨어지는 비통함을 즐겨야
결실을 맺고

자메이카 아리랑

홍대 앞에 가서
지구를 통통 튀게 만드는 레게음악을 들으며
자메이카 커피를 마시고 싶어
지구가 어딘지도 모르는 우주 끝으로 굴러가든 말든
머드팩보다 고운 피부를 가진 자메이카 여인과
노을 물든 사랑을 하고 싶어
레게음악에 맞춰 자메이카 여인이 땅을 구르면
씰룩씰룩 자메이카 여인의 둔부가 틈새를 벌리는 허공에선
영혼이 헤드배잉을 하는 들큼한 냄새가 나지
음악의 향기가 달콤하다는 건 순 거짓말이야
쓰디쓴 커피에서 고소한 향내가 나는 것처럼
음악이 감미로운 건 단지 생존의 술책일 뿐
자메이카 자메이카 그 고된 운명에 이끌려
노랠 부르며 춤을 추고 싶어
잿빛 연기 나는 모두숨을 내뿜으며 내뿜으며 발로 땅을 구르면
철커덕 철커덕 울리는 레게머리 사슬에 붉은 흙먼지가 이는
자메이카로 달려가고 싶어
오 운명이여
죄악의 심판이 춤이 되고 음악이 되는 그 땅으로 가서
치도곤 저어 태평양을 건넌 내 아비를 만나고
카리브 해의 빛나는 태양 아래서

자메이카 여인의 머리를 빗겨주는 내 어미를 만나고
사슬머리 치렁치렁 늘어뜨린 내 형제자매를 만나서
굴곡진 운명의 몸매에 매혹당한,
사랑이란 인류 보편적 가치로부터 영성을 받자
즉흥 랩소디에 심취해 검은 땀을 흘리며
고름 흐르는 사랑에 성스럽게 입 맞추는 거굴진 자메이카여
손가락이 희고 긴 운명의 아라리阿喇唎*여
용서가 사랑이란 말은 거짓말이야
사랑에 절충이란 없어!

* 교만하여 모든 사람을 업신 여기는 마음.

유언비어

생각해보니 불문不問이 관례에게 복종해서
나는 습관대로 좌측보행을 하다가
타인들과 부딪치면 화를 냈다
말하자면 다른 지하철 노선은 우측통행을 해도
서울 1호선 지하철은 좌측 운행을 하는 것처럼
관례는 보수주의자,
입장을 바꿔 다시 따져보니
서로 입장이 다른 해와 달이 번갈아 한통속으로 도는 건
계급적 관점에서 불문이고
이들을 은폐하는 부정형不定形구름이 관례
황사폭풍 같은 세월호 루머들이
감정의 기복을 따라 활공비행으로 침투한 뒤
내 감정은 등고선들 사이가 급격히 좁아져
온화했던 기후가 한랭기후로 바뀠다
감정의 기후변화에 적응하기 힘들었던 내 표정은
기회주의자답게
콧방귀가 더는 성장할 수 없는 감정한계선까지 다다랐다가
생명이 사라져 황량해진 불모지대를 마주하고
감정을 성형하기로 결심했다
다시 말하자 자본주의 관례의 모범은 획일화에 있지만
후기 자본주의 생태는 다품종 소량생산, 그런데도
획일화된 감정은 SNS*를 다루는 집단에서 대량생산 된다

그러나 관례적인 감정은 일방적이라서
성형한 감정들이 다투어 대중들에게 자신들을 뽐낼 때
의문의 집요한 태클이 아니라
불문의 과도한 충성이 유언비어를 양산한다
유언비어는 의문을 살해한 불문의 알리바이,
진실은 의문의 피를 먹고 부활한다

* sympathetic nervous system(교감 신경계) 또는 social networking service(사회관계망 서비스).

분홍雰虹

무지개를 선물 받았다
포장질 뜯었을 때 일곱 가지 감정이 버무려진 분홍이 드러나
선물포장지에 도드라진 보라색 수국이 하얗게 탈색됐다
분홍은 밀리그램 단위의 감정도 분열시키는 프리즘 같아서
분홍색粉紅色은 착화 하다말고 질식해 꺼지는 불꽃의 격정,
외부가 아니라 내부로 빛깔을 드러낸다
무아몽중無我夢中이었는데
물오른 오후햇살이 물푸레나무의 손을 잡고 병문안 와서
마지막 고비를 잘 넘긴 웃음이 시간을 앞질러 갔다
그러나 억울한 표정은 시간을 앞지를 수 없어
마흔네 번의 고해성사가 마흔다섯 번째 고해를 망설이게 했다
내가 주저주저하자
이마주름으로 밑줄을 몇 번씩 긋던 생각이 실소를 터트렸지만,
늘 같은 생각 같은 후회 같은 소망으로
생각은 주름이 몇 개 더 늘고
심장이 한쪽으로만 감기는 시계태엽처럼 박동하기 시작했다
일 방향성을 갖는 것은 정직이어서
피가 끓는 열정과 뭉게구름으로 피는 몽상이 융합된 슬픔은 분홍색이다
슬픔은 잊혀야 끝나는 법
잊힘이 두려운 슬픔들은 결국 분홍을 통과하며 굴절하고 만다
굴절돼 둥그러지는 슬픔은 이국적이라서

내가 사랑에 빠졌던 프로방스풍 분홍색은
파스텔톤 생기를 잃지 않았다
하지만 황홀경은 감정을 획일화시켜서
마흔다섯 번째 고해성사도 패배의 공식을 벗어나지는 못했다
내 슬픔은 단 한 번도 완벽한 원형으로 발현한 적이 없다

동명이인

인터넷 포털사이트에 들어가 내 이름을 쳐 봤습니다. 연출가 최용훈, 조각가 최용훈, 2중대 4소대 143번 훈련병 최용훈, 실내건축가 최용훈, 그리고도 페이지를 넘어가며 일렬종대로 열 맞춰 서서 자기도 검색해 봐주길 기다리는 또 다른 최용훈들. 그들 중 최용훈이 아는 최용훈은 없었습니다. 내가 아는 내가 없는 게 서운했던지 생각의 메두사가 컴퓨터 속으로 차원이동을 해 조각가, 연출가, 훈련병, 실내장식가 등의 모습을 한 천두관음상千頭觀音像으로 변신을 했습니다. 그러자 제각각의 최용훈들이 제가 하는 일들에 대해 전문용어를 써가며 떠들어대기 시작했습니다. 그 중에 시인이 있었는지는 귀가 따가워 알 수가 없었습니다.

어안이 벙벙해져서야 알았습니다. 아름다운 음악도 섞이면 소음이 되듯이, 소음 심한 곳에 머물다보면 난청이 되고 말듯이, 전위든 실존이든 현실참여든 서정이든 깨침이 있든 없든, 시詩의 이름으로 불리는 것들도 서로 얽히고설키다 보면 모르는 사이에 독자들 정서에 장애를 유발할 수 있다는 것을.

칠흑

면접관 질문에 동문서답했다
좌절은 실패를 논리로 풀었다는 의미다
실패를 논리로 풀었더니 시뻘건 욕설이 입을 뚫고
사방팔방으로 튀어 논리적 사유가 잿더미로 변한다
채 식지 않은 눈빛이
논리보다 단단한 잡념들만 멀쩡한 폐허를 바라보다가
앞을 바라보며 뒷걸음질 치는 동안은
희망이 사라지지 않는다고 발설하고 싶어 했지만
붉게 달아오른 마음과 황태처럼 마른 몸과
욕설의 이산화탄소에 중독돼 청색증 걸린 생각이
합체되자 눈앞이 캄캄해졌다
그렇다 칠흑은 원색이 아니다
입장을 양보하지 않거나 순혈주의를 고집하는
순결이나 이상이나 희망 같은 것들은 이해 못할 칠흑은
좌절과 분노와 맹목적 순간을 사는 욕설마저 수렴하는 색이다
넘실대는 푸른 바다와 황금빛 태양과
세상을 환희로 물들이는 노을의 삼위일체가 이루어지는
수평선에서 시작되는 칠흑은
각양각색의 함의가 교집합 됐을 때 나타나는 빛깔이라서
그 잘난 백색마저 수용한다

지지
— 난독증

같은 계통에 근무하는 친구 귀띔으로 거금을 동양정밀 주식에 몰빵했다. 얼마 뒤 부도난 그 주식은 지지[1]의 밑씻개로도 쓸 수 없는 종잇조각에 불과했지만, 작전 주였다는 게 들통 나기 전까지는 그 회사 제품이 지지[2]거렸어도 그 주식을 지지[3]하는 마음은 변함이 없었다. 이 경험을 통해 지지[4]를 신뢰했다가는 패가망신할 수도 있다는 사실을 알았다.

근무지가 있던 명동거리 중앙극장 옆 이 층 건물 이 층에는 지지다방이 있었다. 극장 간판에 그려진 배우들이 늙어가도 그 자리를 떠나지 않던 지지다방이 근래 없어졌다. 지지배라 부르던 호칭이 미스 지로 변하는 동안 지지다방에 앉아 상영시간을 기다리며 그녀와 수다를 떨던 장소가 사라져버린 것이다. 지지[5]가, 수다스럽게 지껄이는 부사임을 알고 지었으리라는 생각에 어느 날 주인 마담에게 다방 이름을 왜 지지라고 지었냐고 물어봤다. 만남의 장소로 남자와 여자가 두루 좋아할 이름을 찾다가 여자와 남자를 구별하는 말의 공통분모가 떠올라 지지[6]라고 지었다며 마담이 배시시 눈웃음을 쳤다. 미스 지와 결별한 뒤에야 서로의 지지를 지지[7]해도 지지는 철회될 수 있음을 알았다. 하지만, 그러나, 그런 일이 생기기 전에 결코 잊지 말았어야 했다. 아무것도 의심하지 않던 나이였을 때 누가 지지[8]라고 말하면 그건 거들떠보지도 말아야 한다고 배웠던 것을.

간혹 지지관계를 청산한 미스 지가 생각나 노래방에 가서

"내 청춘을 돌려다오"하며 울부짖거나 말거나, 사랑의 엘레지가 낮게 흐르던 지지다방이 없어졌거나 말거나, 여전히 티브이에서는 유행가를 부르는 지지배들이 선정적인 옷을 입고 떼로 나와 교태를 부리며 지지해달라고 콧소리로 지지[9]를 외쳐대지만, 지지[10]가 무슨 뜻인지는 몰라 지지[11]는 이제 가상현실 속에서나 통하는 말이 됐다. 어쩌다 세상이 이 지경이 됐는지는 모르겠지만, 세월이 갈수록 지지[12]가 힘을 못 써 제구실을 못할 때마다, 지지[13] 생각이 더 간절하다.(da capo)

1) 支持 1 : 주가 하락이 매입세력에 의하여 어느 선에서 더 이상 계속되지 아니하는 일.
2) 전파 잡음소리.
3) 支持 2 : 어떤 사람이나 단체 따위의 주의, 정책, 의견 따위에 찬동하여 이를 위하여 힘을 씀.
4) 止持 : 몸과 말로 하는 나쁜 짓을 억제하여 죄업을 짓지 아니함.
5) 수다스럽게 지껄이는 소리를 나타내는 부사.
6) 남자와 남자의 성기를 뜻하는 말의 공통분모.
7) 支持 3 : 붙들어서 버티게 함.
8) 어린아이의 말로, 더러운 것을 이르는 말.
9) Gee Gee : 감탄사 외에도 1000달러, 1갤런의 술, (감방에서 큰소리 치는) 놈 등을 포함하는 뜻을 갖고 있다.
10) 知止 : 자신의 분수에 넘치지 아니하도록 그칠 줄을 앎.
11) GG : Good Game의 약자로 시뮬레이션게임에서 "좋은 게임이었다, 패배를 자인한다."는 의미로 쓰인다.
12) 紙誌 : 신문이나 잡지 따위를 통들어 이르는 말.
13) 至知 : 더 없이 뛰어난 지혜, 또는 그런 지혜가 있는 사람.

해설

소리 없는 세계에 갇힌 수형자

장석주 시인 · 문학평론가

소리 없는 세계에 갇힌 수형자

장석주 시인 · 문학평론가

사람은 현재를 산다. 현재는 과거에서 이어져오고, 미래의 일부를 머금는다. 사람은 과거에서 미래로 이어지는 현재의 가장자리에서 끊임없이 미끄러진다. 미끄러지되 자신을 하나의 고유한 전체로 기억하고, 그 기억을 유지해야만 한다. "현재의 모든 정신 상태를 하나의 고유한 전체로, 일시적이고 다시는 되풀이될 수 없는 힘과 내용의 상호작용으로서 음미하고 기억해야 한다."[1] 과거는 기억이란 영토 위에 세워진 제국이고, 이 나라는 현재가 삼켜버린 식민지다. 현재는 과거를 수탈한다. 달리 말하면 현재는 과거라는 몸통에서 수액을 다 빨아먹고 뚱뚱해진다. 현재는 과거로 인해 뚱뚱해진 기억의 몸통이다. 기억에 대해 나는 이렇게 쓴 바 있다. "기억이란 기억할 만한 것과 그렇지 못한 것의 분별이다. 기억은 욕망의 계속성을 수혈 받으며, 이 분별 작업을 수행한다. 이 분별은 기억할 만한 것들에 대한 고찰이고 그렇지 못한 것들에 대한 망각이다."[2] 기억은 자아로 하여금 과거와 자기를 연결하며 자기동

1) 로버트 그루딘, 『당신의 시간을 위한 철학』, 오숙은 옮김, 경당, 2015, 31쪽.
2) 장석주, 『글쓰기는 스타일이다』, 중앙북스, 2015.

일성을 유지하게 만드는 매개물이다. 몸은 현재 시공에 머물며 과거와 미래를 잇는다. "과거는 시간의 몸과 같고, 미래는 시간의 영혼과 같다."[3] 과거와의 연결이 끊긴다면 존재의 몸이 사라지는 것과 같다. 영혼을 담는 몸이 없으니 미래도 없다. 과거에서 현재로 이어지는 기억이 사라지면 사람은 자아를 잃고 '아무것도 아닌' 존재로, 다시 말하면 유령으로 떠돌게 될 것이다.

티치아노 베첼리오Tiziano Vecellio, 1488-90년경~1576년[4]의 작품 중에「신중함의 알레고리」라는 매우 흥미로운 그림이 있다. 티치아노가 아흔 살 무렵 그린 것으로 추정되는 이 그림 위쪽에 세 인물이 나오고, 아래쪽에 세 동물이 나온다. 위쪽에는 화가 자신, 아들 오라치오 베첼리, 친척이자 도제인 마르코 베첼리의 형상이 배치되고, 아래쪽에는 늑대, 사자, 개의 형상이 배치된다. 인물들은 노년, 중년, 젊음을 상징하고, 머리 셋 달린 짐승의 형태를 한 동물들은 과거, 현재, 미래를 상징한다.[5] 그림 정중앙에 있는 아들 오라치오 베첼리와 사자의 머리가 상징하는 것은 '현재'다. 늙은 화가 자신과 늑대 머리는 흘러가버린 '과거', 개와 어린 마르코 베첼리는 '미래'다. 티치아노는 이렇게 시간의 세 차원을 축약하는 상징들을 배치한다. 빛은 왼쪽

3) 로버트 그루딘, 앞의 책, 68쪽.
4) 북이탈리아 피에베 디 카도레에서 출생한 이탈리아의 전성기 르네상스 시대에 활약한 화가이고, 그의「신중함의 알레고리」는 런던 국립미술관에 소장되어 있는 그림이다.
5) 로마의 학자 마르로비우스는 이 그림을 이렇게 해석한다. "사자의 머리는…… 현재를 나타내며, 과거와 미래 사이에 있는 현재의 상태는 현재의 행동으로 인해 강하고 열의가 있다. 과거는 늑대의 머리로 표현되어 있는데, 과거에 속한 것들의 기억은 게걸스레 삼켜져 휩쓸려가기 때문이다. 그리고 주인을 기분 좋게 해주려고 애쓰는 개의 모습은 미래의 결과를 의미하는데, 미래에 대한 희망은 비록 불확실하지만 언제나 기분 좋은 그림을 보여주기 때문이다." 로버트 그루딘, 앞의 책, 28쪽, 재인용.

에서 오른쪽 방향으로 들어와 미래의 표상들은 환하게 드러내고, 오른쪽 과거의 표상들에는 빛이 미치지 않아 어둡다. 관람자를 마주 보도록 정중앙에 배치된 '현재'의 표상들에는 힘과 위엄이 서려 있다. 우리는 '현재'라는 무형적 시간 속에서 고뇌하고, 선택하고, 일들을 수행하는 가운데 삶을 조형해낸다. 현재라는 찰나 속에서만 삶은 그 구체적인 국면을 드러낸다. 사자로 은유된 '현재'는 경험들이 가장 강렬하게 분출되는 시간이라는 의미를 드러낸다. 과거와 현재와 미래는 각각 다른 얼굴을 갖고 있지만, 시간의 연속성에서 하나다. "미래는 낮달과 같다. 내성적이지만 충실한 동반자, 너무도 우아해서 거의 보이지 않는, 눈에 띄지 않는 경이驚異이다."[6] 미래가 불가시적인 것은 과거와 현재의 안쪽에 숨어 있기 때문이다. 미래는 드문드문 균질하지 않은 상태로만 나타난다. 미래는 항상 징후로만 도래한다. "미래는 과거와 현재의 안쪽에 잠겨 있다. 과거와 현재는 씨앗을 품은 석류처럼, 우아하도록 비밀스럽게, 세밀하도록 완벽하게 미래를 품고 있다."[7] 우리가 수행하는 나날의 과업은 과거와 현재의 안쪽에 잠재해 있는 것을 현재 속으로 끌어내는 일이다. '현재'는 미래의 일부이고 언젠가 과거가 될 시간이지만 동시에 시간이 꿰뚫고 지나가는 공간을 그 일부로 포괄한다. 티치아노는 과거-현재-미래를 꿰어보고 이 그림을 통해 '과거를 통해 배워', '현재를 신중하게 행동함으로써', '미래의 행동을 망치지 않게 하라'는 교훈을 주려고 한다.

최용훈은 '소리의 원근법'을 엿보고, '접속사의 사생활'을 탐구하며, '그림자'의 현존을 사색하는 시인이다. 삶은 불가사의

6) 로버트 그루딘, 앞의 책, 73~74쪽.
7) 로버트 그루딘, 앞의 책, 69쪽.

하고 수수께끼와 같은 것이어서 모름 속에서 견고한 그 무엇이다. 모름은 그 자체로 완벽하게 세계다. 우리는 그 모름의 세계 속을 살다 떠나는 존재다. 생을 특징짓는 중요한 요소는 그것이 두 번 반복되지 않는 것, 즉 일회적이라는 점이다. 그러기에 생은 "가도 가도 끝이 시작인 전인미답"(「괄호를 수태한 문장文章」)이다. 시는 그 전인미답 속에 놓인 "삶의 알리바이일 뿐"(「밤을 새워 비를 읽다」)이다. 시가 삶을 대신할 수는 없다. 시는 삶에 대하여 항상 후시적인 행위이기 때문에 시는 항상 삶 다음에 따라 온다. 알랭 바디우는 "철학은 시작詩作으로 쓰여야 한다"라는 언술을 놓고 "시작詩作composition poetique은 언어로 하여금 그것이 말하지 않는 것을 말하게 하거나 또는 그 말하기의 말해지지 않는 부분을 물질적으로 보여주는 배열이다"[8)]라고 재정의 한다. 시는 과거-현재-미래를 거머쥔다. 시는 말함으로써 말하지 않은 부분을 드러내고, 말과 말 사이에 있는 여백, 혹은 휴지부休止符, 혹은 언어 너머에서 말할 수 없는 것을 "물질적으로 배열"하는 것, 즉 감각적 명증화에 이르게 하는 것이다.

최용훈의 시는 삶과 세계에 대한 도저한 부정과 비관주의에 물들어 있다. 그는 시쓰기를 통해 끊임없이 과거를 거머쥐고 미래로 나가려고 시도하는데, 그 과정에서 삶이라는 괄호를 숙고한다. 세계에 대한 부정과 비관주의는 이 숙고에서 자연스럽게 얻어진 인식을 바탕으로 한다. 그의 비관주의의 시들은 특출난 직관과 영감들의 언어이기보다는 범속한 서술의 언어들로 이루어져 있다. 이 언어들은 차라리 세계의 진부한 산

8) 알랭 바디우, 『비트겐슈타인의 반철학』, 박성훈 • 박영진 옮김, 사월의 책, 2015, 122쪽.

문성에 대응하는 언어들이다. 그 비관주의적 인식 속에서 "눈물은 생을 추동시키는 연료"(「괄호를 수태한 문장」)라는 문장이 자연스럽게 나온다. 비관주의가 우리를 구원하지는 않는다. 그러나 비관주의는 행복에 대한 기대치를 낮추려는 태도에서 기인하며, 아울러 그것은 우리에게 이미 주어진 것들 안에서 삶의 표면에서 겪는 기쁨과 보람을 찾고 만족하는 태도를 기르는 요인이다. "행복은 결코 지성이나 상상 속에 있는 것이 아니라 아내와 심장, 침대, 식탁, 안장, 난롯가 그리고 전원 등에 있는 것이다."[9] 부정과 비관주의는 삶이 결핍과 부재, 질병과 망실, 악성종양들에 감염되어 있음을 깨달은 자에게 피할 수 없는 필연의 운명이다. 그가 직관으로 꿰어본 존재는 고작해야 "지각遲刻하는 꽃들"이고, 삶은 "부채負債만 남은 시간"(「꽃의 폐관」)이다. 그는 시작하기도 전에 이미 늦어버린 존재이고, 젊어서 삶을 질병 따위에 차압당하고, 삶을 펼치기도 전에 이미 자산을 탕진한 뒤 부채만을 잔뜩 짊어진다. 그의 삶을 잠식한 불운은 크고 넓다. 바로 그런 이유로 그는 한 번도 삶을 제대로 향유하지 못한 채 삶의 여러 굴레들에 매여 복무한다. 책임과 의무를 잔뜩 짊어지고 복무하는 삶이라니! 「몽유병」에 따르면, 그는 굶주린 이리떼, 의무와 책임과 예의와 도덕의 굴레에 매인 죄인, 조울증을 앓는 상징주의자, 시간에 갇혀버린 난파선이다. 젊을 때는 세상 물정 모르는 무지로 인해 죄를 짓고, 늙으면 망각 때문에 죄를 짓는다. 그게 사람이다! 최용훈은 제 삶을 연대기적으로 돌아본다.

구름다리 건너 길을 에돌았고 밑은 낭떠러지,

---

9) 허만 멜빌, 『모비딕』, 여기서는 휴버트 드레이퍼스 · 숀 켈리, 『모든 것은 빛난다』, 289쪽에서 재인용.

언제 무너져 내릴지 모르는 년대年代끝에
한쪽 끝을 걸친 구름다리 위로 군가가 힘차게 떠다민 이십 대는
찰나를 사는 곡예사, 청춘은 슬픔이라는 악성종양을 키웠어

그는 슬픔의 악성종양과 질병들을 키운 숙주에 지나지 않는 암울한 청춘의 시기를 거친다. “찰나를 사는 곡예사”와 같이 위태로운 시대를 용케도 잘 견디고 건너온다. 그러나 위기를 넘어서자 그 앞에 또 다른 위기와 시련이 버티고 있다.

위도 아래도 쳐다볼 엄두가 않나 오직 벽만 마주하고
무너진 구름다리를 기어오르던 삼십 대와
혼이 반쯤 빠져 체념의 반작용으로 발을 내딛던 사십 대는
박제된 망각, 진 다 빠져 겨우 올라선 벼랑 끝은 구름의 거처였네

— 「몽유병」 부분

아무 희망 없이 벽만 마주한 삼십 대와 망각과 체념으로 얼룩진 사십 대를 거친다. 언제 무너져 내릴지 모르는 것은 이미 무너져버렸다. 그는 “무너진 구름다리”를 건너서 온다. 마침내 그의 삶이 안착한 곳은 “다시 되돌릴 수 없는 그 외통수지점”이고, 거기서 한 걸음만 잘못 내디디면 아래는 수천 길 낭떠러지다. 얼마나 많은 사람들이 그 낭떠러지 아래로 추락해 버렸는가를 떠올리며, 시적 화자는 안도한다.

존재하는 모든 것들은 시간의 일인독재 세계에서 산다. 그

게 운명이다. 시간은 모든 산 것들의 영원한 고용인이다. 시간은 움직임이고 물질들의 파동이다. 시간은 모든 존재하는 것들을 움직임과 파동으로 삼키며 흘러간다. 시간의 맥동 속에서 우리는 살아 숨 쉰다. 우리는 시간과 더불어 춤춘다. 우리는 시간의 무희舞姬들인 것이다. 「절망을 혁명하고 싶소」라는 시는 시인의 자기 인식을 함축적으로 드러낸다. 영원이라는 척도에서 보자면 "삶은 날품을 파"는, 즉 허드렛일이나 하다가 죽음을 맞는 "죽음의 피고용인"에 지나지 않는다. 이 나날의 삶은 고단하다. 그것은 별별 일을 다 하며 "일당으로 잠을 지불"받는데, 자주 그 잠이라는 품삯이 체불되기 때문이다. 많은 사람들이 가외의 노동에 내몰리며 만성적 수면부족에 시달리는데, 그도 예외는 아니었던 모양이다. 더러는 "파산지경에 이른 삶이, 알약을 먹고 잠을 횡령했다가/ 죽음에게 불려가 해고될 뻔" 하는 위기를 맞는다. 삶과 잠은 분리할 수 없는 한 쌍이다. 잠자는 시간 동안 우리는 노동과 갖가지 기획들에서 후퇴한다. 잠은 작은 죽음이고, 죽음은 크고 영원한 잠이다. 저 호메로스 시대의 잠과 세속화된 시대의 잠은 다르다. "호메로스는 비범한 시적 어휘를 통해 졸린 사람을 지배하고 사로잡는 달콤한 잠에 관해 말한다. 잠은 졸음에 겨운 이에게 다가와 그들을 이완시키고 붙잡고, 그들을 뛰어올라 제압하고, 그런 다음 그들을 저버린다. 눈썹 위로 떨어졌다가 이내 거기에서 도망친다. 호메로스가 보기에, 잠든다는 것은 우리가 할 수 있는 일을 하는 것이 아니다. 잠 자체가 하나의 성스러운 행위이다."[10] 신화의 시대에 잠은 인간의 영역을 넘어선 신성한 일에 속했다. 오늘의 시대의 잠은 노동으로 깨진 삶의 리듬을 회복

10) 휴버트 드레이퍼스 · 숀 켈리, 앞의 책, 137~138쪽.

하는 재생의 시간이다. 잠은 지각知覺을 멈추고 고갈된 것에 새로운 힘을 충전한다. 잠자는 동안 피로의 순간들은 잘게 쪼개져 소실점 너머로 사라진다. 피로가 죄라면 잠은 죄를 대속代贖한다. 그 일은 날마다 되풀이 된다. 삶이라는 광대놀음을 계속하려면 이 대속이 반드시 필요하기 때문이다. 시인은 "죽을 때 빈손으로 간다는 말은 거짓말"이고, "주검은 자기 몸에 축적한 잠을 가지고"(「절망을 혁명하고 싶소」) 간다고 쓴다.

최용훈의 시들이 머금은 시간은 재화 획득에 열을 올리고 그것의 실패와 좌절에 "불평불만"이 질펀하게 쏟아지는 시간들이고, "후회와 반성이 짝을 맺고 안 맺[고]는 접속사의 사생활"이 이어지는 시간이다(「접속사의 사생활」). 번잡과 소음과 비밀을 먹고 커가는 세속 세계는 "복종과 아부와 군림의 계급장"(「괄호를 수태한 문장」)이 위력을 발휘하는 강제된 노동의 삶을 축으로 한다. 수고와 노동을 봉급으로 맞바꾸고, 그것은 다시 소비로 교환된다. 세속 세계에서 "새빨간 거짓말을 하면서도 웃는 저 얼굴"(「밤을 새워 비를 읽다」)들을 만나는 일은 어렵지 않다. 세속 세계는 거짓과 허언들로 이루어진 관계들을 잇고 욕망을 구축하며, 사색으로 이어지지 못한 채 의미가 고갈된 기억을 전달하는 세속화된 시간으로 물든다. 이 시간들은 산만하게 흩어지며 뜻없이 사라진다. 세속화된 시간에는 지루한 반복만 있을 뿐 아무런 경이驚異가 깃들지 않는다. 이 세속의 시간에 이육사의 「광야曠野」에 나오는 신성한 시간을 나란히 놓고 견줘 보라.

까마득한 날에

하늘이 처음 열리고
어데 닭 우는 소리 들렸으랴

모든 산맥들이
바다를 연모해 휘달릴 때도
차마 이곳을 범하던 못하였으리라

끊임없는 광음을
부지런한 계절이 피여선 지고
큰 강물이 비로소 길을 열었다

지금 눈 나리고
매화향기 홀로 아득하니
내 여기 가난한 노래의 씨를 뿌려라

다시 천고千古의 뒤에
백마白馬 타고 오는 초인超人이 있어
이 광야에서 목놓아 부르게 하리라

이육사가 제시하는 고원高原, 무지개, 매화향기梅花香氣, 백마白馬, 초인超人 따위로 이루어진 신화의 세계는 삶의 복잡성 속에서 생존경쟁을 하며 속고 속이는 세속화된 시간에 대립하며 온통 노래와 놀라움으로 채워진다. 「광야」의 시공은 하늘과 땅이 처음 열릴 때의 신성함으로 물든 시공이다. 이 태초의 광야는 세속적 현실에서 얼마나 까마득한 거리에 있는 것인가! 광야가 처음 열린 태고太古의 시간은 "천고千古의 뒤"에 이어지는 시간이며, "백마白馬 타고 오는 초인超人"이 오는 그 어떤 세속의 때도 묻지 않은 순수하고 본원적인 시간이다. 이 시간은 범용한 인간이 범접하기 힘든 신과 초인의 질서와 의미로 가득 찬 시간이다. 이 시간은 매화향기 홀로 아득한 고요와 신성으로 가득 차 있을 뿐만 아니라 빛으로 넘친다.

최용훈은 '그림자'라는 득의의 이미지로 세속 세계에서의 의미가 고갈된 삶을 보여준다. 최용훈의 '그림자'는 이육사의 '초인'의 역상逆像이다. 초인이「그림자 혹은 마음」연작시들은 본원적인 실체를 잃은 채 떠도는 그림자들을 묘사한다. 그림자는 자아 영역에서 추방된 비자아의 표상이다. 그림자로 사는 자들은 존재의 희박함, 존재의 비활성화 영역에 머문다. 그림자가 끝내 자기 전화轉化에 이르지 못할 때 그림자에 갇힐 때 내면에 불행은 응고하고 어두운 삶의 단초가 싹트는 것이다. 최용훈은 그림자를 집요하게 탐색하며 의미 있는 에피그램을 남긴다. 그림자는 "바닥에 납작 엎드려 직립을 경배하면서도/부단히 수평을 지향하"(「그림자 혹은 마음 1」)고, "빛의 반대 방향으로 옮겨가며 "어둠의 반대방향으로 가야/존재를 증명"(「그림자 혹은 마음 2」)할 수 있으며, "발바닥에 붙어 걸어온 행적을 말끔히 훔치며 따라오"(「그림자 혹은 마음 3」)고, "기립의 최하부에서 무게 중심을 잡고 있"(「그림자 혹은 마음4」)는 그 무엇이다. 존재하지만 실체가 아닌 것! 그 자체로는 완전한 존재가 못되는 것! 그림자는 실체의 부재, 잉여, 부속물이다. 그것은 현존이 없이, 실제와 의미라는 두 겹에서 거세된 실존이자 물리적 직접성이나 실체적 부피가 없는 존재의 도플갱어, 헛것, 유령이다.

최용훈이 "우리들의 가계를 끝끝내 잇는 것은 오직 그림자뿐이다"(「우기雨期」)라고 쓸 때 자아에 통합되지 못한 채 소외된 자아의 원천이 가계家系 내력과 상관있음을 넌지시 이른다. '그림자'는 소리를 듣지 못한 채 적막의 세계에 거한다. 「적막」이라는 시는 "아버지와 아버지아들과 아버지아들의 아들까지/ 연혁沿革이 퇴적되고 있는 내 가계는/ 보청기가 동시통역을 해주지 않으면 소통이 불가하다"라고 '그림자'의 가계 내력을 드러낸다. 소리를 듣지 못하는 '그림자'는 "시끄럽고 번잡한 세상"의 변방으로 밀려난다. "세상의 변방으로 갈수록 소리는 침묵을 모방한다"라는 시구는 시인의 직접적인 체험을 반영한다. 난청과 이명으로 소리를 듣지 못한 채 적막 속에 그토록 오래 유배된 이유는 "적막은 가족력"(「적막」)이라는 시구에 암시되어 있다.

이 세계는 빛과 사물들로 이루어진다. 아침 햇살이 잎이 무성한 나뭇가지 사이로 날카롭게 뻗어올 때 새들은 지저귄다. 해가 공중으로 불끈 솟는다. 자기가 언젠가 죽을 것이란 사실을 잊은 사람들이 부지런히 움직인다. 세계의 이곳저곳은 그들이 내는 소리들로 채워진다. 어디 그뿐인가. 자동차가 질주하는 소리, 주방의 가스렌지 위에서 주전자 물이 푸푸거리며 끓는 소리, 불행한 여자가 내쉬는 한숨 소리, 도란대는 음성들, 소녀의 웃음소리, 저녁 무렵 동네에서 제 아이를 부르는 어머니의 외침, 개가 행인의 발걸음 소리에 놀라 짖는 소리, 골목에 울려 퍼지는 발정기 고양이의 날카로운 울음소리, 종탑에서 울려오는 종소리, 바람결을 타고 들려오는 흘러간 유행가 소리…… 빛과 사물들로 이루어진 세계는 이런 다채로운 소리들이 더해짐으로써 하나의 세계로 완전해진다. 이 세계에 생동감을 더하는 것은 소리들이다. 이 소리들이 사라진다면, 세상은 생동을 잃고 칙칙한 적막에 잠기고 말 것이다.

몸을 관통한 구급차 경광등 소리가 원근법으로 사라졌다
몸을 통과해도 상처를 내지 않는 것은 소리밖에 없다
두 귀가 몸의 외곽에 달려있는 이유와
잠을 잘 때도 열려있는 까닭이 설명됐다
때때로 어떤 소리들은 통과하지 못하고 몸에 박혀 상처가 됐다
귀가 따가운 까닭이 이해됐다

광릉수목원 숲속에서 착암기 소리가 들렸다
까막딱따구리가 서서 죽은 사이프러스나무 상부에 소리의 길을 내고 있었다
까막딱따구리는 소리가 지름길임을 어떻게 알았을까?
새들이 수시로 우는 까닭과
울음이 아름다운 이유가 설명됐다

모년 모월 모일
등과 배가 서로 붙은 '자살'과 '살자'는
우울에게서 태어난 샴쌍둥이…… 억장이 무너져
이석耳石이 소리의 길에 굴러 떨어진 걸 어떻게 알았을까
이명이 이십 년 넘게 이석을 쪼아대고 있다
소리의 길이 끊겼으므로
귀가 우는 걸 아무도 몰라 몸에 박힌 소리들이 덧나갔다

상처가 덧나면 소리에 침묵이 고이는 까닭이 이해됐다

소리의 길이 끊어진 곳은 어디 거나
보이지 않는 방음벽이 사방에 둘러쳐져 있었다
그 벽에 가로막혀 소리들이 주저앉았을 때
눈이 실체를 축소시키는 원遠을 동경하는 까닭을 이해한 귀는
사실을 과장하는 근近에 친숙한 근시안,
동시에 눈과 귀로 상황을 포착해야 하는 이유가 설명됐다

소리의 길을 이탈한 당신들의 수화는 시끌벅적 조용했지만
고요는 선명해 멀리서도 보였다
고요가 가장 빠른 지름길인 이유와
가장 아름다운 소리인 까닭이 설명됐다
—「소리의 원근법」 부분

최용훈은 소리를 듣지 못한다. 그는 "이명이 이십 년 넘게 이석을 쪼아대고" 있음을 고백한다. 그는 보청기에 의지해 소리를 듣지만, 청력은 점점 약해지고 있다. 이제는 보청기를 끼고도 잘 듣지 못한다. 소리의 길이 끊기자 소리들은 몸에 박혀 상처로 덧난다. 그의 청각 손실은 그가 고백하고 있듯 가족력 탓이다. "소리의 길이 끊어진 곳은 어디거나/ 보이지 않는 방음벽이 사방에 둘러쳐져 있었다". 마치 사방에 방음벽이 둘러쳐진 세계 속에 사는 것과 마찬가지다. 활동적 삶의 위축은 불가피하다. 반면 듣지 못하자 오히려 소리에 예민해진다. 소리가 부재하는 세계를 형상화한 「소리의 원근법」에서 시적 화자는 소리에 예민해지는 자신을 발견한다. 소리에 예민해지는 것은

듣지 못하는 귀와 관련이 있다. 소리의 세계와 단절되자 그럴수록 소리 쪽으로 촉수가 뻗어간다. 물론 그런다고 소리를 잘 들을 수 있는 것은 아니다. 우리는 서로 이름을 부르고 그 부름에 부응하는 소리들로 소통하며 산다. 소리의 길이 끊긴 세계에서 있는 자는 그 부름에 응할 수가 없다. 혼자 고립되고 유폐될 수밖에 없다. 삶은 답답하고 제한적이다. 그 제한적 삶에 분노하고 그 불편부당한 세계에 저항하던 그는 이제 체념에 이른 듯하다. 듣지 못하면서 들어선 고요의 세계를 긍정한다. 「소리의 원근법」은 체념과 달관 끝에 얻은 깨달음, 즉 고요야말로 지름길이고 가장 아름다운 소리라고 사실을 속삭인다. 이 긍정은 아름답고 슬프다. 그가 그토록 일체 소리가 사라진 '그림자' 세계에 몰두하는 것, 그리고 세계에 대한 비관주의는 바로 청력 손실 때문에 생긴 세계의 결손과 연관되는 것이 아닐까? 최용훈은 몸의 결손을 통해 불가피하게 죽음을 매우 가까운 것으로 인지한다. 죽음은 늘 삶의 지척이다! 그는 제 몸의 실존에 매우 예민하고 정직하게 반응한다. "폐관하지 못하는 마음은 나비 꿈으로 어지"(「꽃의 폐관」)러운 것은 욕망 때문이다. 산다는 것은 그 욕망으로 매 순간 다가오는 죽음을 생명의 충일로 바꾸는 일이다. 나날의 삶을 생명의 충일이라는 춤사위로 바꾸는 동안, 죽음은 우리 곁에서 저 멀리로 떠나간다. 시인이여, 마침내 허무의 심연을 딛고 우화羽化의 꿈을 이루고, 이 세계 위를 사뿐하게 날게 되기를!

최용훈

최용훈은 서울에서 태어났고, 2008년 『애지』로 등단했다. 『소리의 원근법』은 체념과 달관 끝에 얻은 깨달음, 즉 고요야말로 지름길이고 가장 아름다운 소리라고 사실을 속삭인다. 이 긍정은 아름답고 슬프다. 그가 그토록 일체 소리가 사라진 '그림자' 세계에 몰두하는 것, 그리고 세계에 대한 비관주의는 바로 청력 손실 때문에 생긴 세계의 결손과 연관되는 것이 아닐까? 최용훈은 몸의 결손을 통해 불가피하게 죽음을 매우 가까운 것으로 인지한다. 죽음은 늘 삶의 지척이다! 그는 제 몸의 실존에 매우 예민하고 정직하게 반응한다(장석주). 최용훈 시인의 『소리의 원근법』은 인간 속의 단절의 아픔(벽)을 극복하기 위하여 "이명耳鳴이 이십 년 넘게 이석耳石을 쪼아댄" 그 절차탁마의 소산이라고 할 수가 있다.

이메일 : is25is@hanmail.net

최용훈 시집

소리의 원근법

발　행 2015년 6월 25일
지은이 최용훈
펴낸이 반송림
편집디자인 김지호
펴낸곳 도서출판 지혜
계간시전문지 애지
기획위원 반경환 이형권 황정산

주　소 300-812 대전광역시 동구 선화로 203-1 2층 도서출판 지혜 (삼성동)
전　화 042-625-1140
팩　스 042-627-1140

전자우편 ejisarang@hanmail.net
애지카페 cafe.daum.net/ejiliterature

ISBN : 979-11-5728-031-5 03810
값 9,000원